MESOPOTAMIA
Aramäisch kochen

Rezepte und Geschichten einer fast vergessenen Kultur

riva

INHALT

VORWORT

Uns vereint die Liebe zum Kochen und die Liebe zu unserem Volk. Diese Liebe gab den Ausschlag für das Schreiben dieses Buches. Wir Aramäer sind eine Völkergruppe ohne eigenen Staat. Wir müssen uns tagtäglich in über zwanzig Ländern weltweit behaupten. Die Gefahr, unsere eigene Sprache und folglich auch unsere Identität in der Diaspora zu verlieren, wächst von Jahr zu Jahr. Dabei spielen die aramäische Küche und die Esskultur ebenfalls eine wichtige Rolle. Denn wie in allen südländischen Kulturen verbindet auch bei den Aramäern die Esskultur die Menschen mit der eigenen Sprache.

Früher wurde das Wissen um die aramäische Kochkunst traditionsgemäß von der Mutter auf die Tochter übertragen. Seit mehreren Jahrzehnten hat sich ein Großteil der Aramäer in den westlichen Industrienationen niedergelassen und sehr gut integrieren können. In diesen Ländern kochen im Regelfall die Mütter für ihre Kinder, solange sie im Haus leben. Folglich beginnen die meisten heranwachsenden Kinder erst dann selbst zu kochen, wenn sie bereits ausgezogen sind. Dadurch ergeben sich kaum noch Gelegenheiten, die traditionelle Kochkunst zu erlernen. Die mobile Arbeitswelt von heute erschwert diesen Zustand zusätzlich.

Mit diesem Kochbuch wollen wir einerseits den jungen Frauen und Männern eine Möglichkeit bieten, einige Spezialitäten der aramäischen Küche kennenzulernen. Ebenso wichtig ist es uns, das Interesse der Leserinnen und Leser aus dem deutschsprachigen Raum zu wecken und ihre Leidenschaft für die würzig-aromatische Vielfalt der aramäischen Küche zu entfachen. Außerdem freuen wir uns sehr, wenn wir unsere Kultur und unser Volk durch die aramäische Kochkunst bekannter machen können.

Allen Personen, die uns bei diesem Werk unterstützt haben, danken wir sehr herzlich. Nach der Buchveröffentlichung und dem Ausverkauf der ersten beiden Auflagen sind wir allen für so viel Lob, Anerkennung und für die ausschließlich positiven Rückmeldungen zutiefst dankbar. Wir fühlen uns in unserer Arbeit sehr bestärkt. Die tolle Resonanz motiviert uns, diesen Weg weiterzugehen.

In die vorliegende Auflage haben wir weitere traditionelle Rezepte integriert.

Lama Dursun, Maria Aslan
und Saliba Gabriel

Paderborn, Mai 2022

Lesehilfe für die Aussprache der Rezepte

Für die Bezeichnung der Gerichte ist es uns wichtig, dass sowohl aramäische als auch deutsche Leserinnen und Leser die Namen richtig aussprechen können. Folgende Tabelle erleichtert die Aussprache:

Buchstabe	Beispielwort	Latein. Buchstabe (Umschrift)	Erklärung der Aussprache
ܐ	[Olaf]	ʔ	ein stimmloser, glottal gebildeter Verschlusslaut, wie das ʔ im deutschen Wort beachte [beʔaxtə], es dient hauptsächlich als Vokal (s. die Tabelle »Vokale«)
ܒ	[Beṯ]	b	wie »b« im Deutschen
ܓ ܓ݂ ܓ̰ ܓ̰	[Gomal] [Gomal rakëxto]	g ġ j	wie »g« im Deutschen ähnlich dem »r« im deutschen Wort rot wie »dsch« im deutschen Wort Dschungel wie »tsch« im deutschen Wort deutsch
ܕ ܕ݂	[Dolat] [Dolaṯ rakëxto]	d ḏ	wie »d« im Deutschen ein stimmhafter, an den Zähnen gebildeter Reibelaut wie »th« im englischen Wort that
ܗ	[He]	h	wie »h« im Deutschen
ܘ	[Waw]	w	wie »w« im englischen Wort water für Wasser, es dient auch als Vokal (s. Tabelle »Vokale«)
ܙ	[Zay]	z	wie »s« im deutschen Wort lesen
ܚ	[Ḥet]	ḥ	stimmloser, im Rachen gebildeter Reibelaut. Zwischen »h« wie deutsch aha und »ch« wie deutsch Achat.
ܛ	[Ṭeṯ]	ṭ	wie »t« im Deutschen
ܝ	[Yuṯ]	y	wie »j« im Deutschen, es dient auch als Vokal (s. Tabelle »Vokale«)
ܟ ܟ݂	[Kof] [Kof rakëxto]	k X	wie »k« im Deutschen wie »ch« im deutschen Wort lachen
ܠ	[Lomaḏ]	l	wie »l« im Deutschen
ܡ	[Mim]	m	wie »m« im Deutschen
ܢ	[Nun]	n	wie »n« im Deutschen
ܣ	[Semkad]	s	wie das stimmlose »s« im deutschen Wort Ost
ܥ	[Ce]	c	mit verengtem Kehlkopf gesprochener Kehlenpresslaut
ܦ ܦ݂	[Pe] [Fe]	p f	wie »p« im Deutschen wie »f« im Deutschen
ܨ	[Ṣode]	ṣ	die betonte Variante des deutschen stimmlosen »s« im Wort Ost

Buchstabe	Beispielwort	Latein. Buchstabe (Umschrift)	Erklärung der Aussprache
ܩ	[Qof]	q	stimmloser, am Gaumenzäpfchen gebildeter Verschlusslaut
ܪ	[Riš]	r	wie »r« im italienischen Wort treno für dt. Zug, ein gerolltes »r« von der Zungenspitze
ܫ ܫ̣	[Šin]	š ž	wie »sch« im Deutschen wie »j« im deutschen Wort jonglieren
ܬ ܬ݂	[Taw] [Taw rakëxto]	t ṯ	wie »t« im Deutschen ein stimmloser, an den Zähnen gebildeter Verschluss-laut, wie „»th« im englischen Wort thing (kein stimmhaftes »th« im Wort »that«)
Vokale			
◌ܰ ܐ	[ftoḥo] [Olaf]	a	wie »a« im deutschen Wort Tal
◌ܳ	[zqofo]	o	wie »o« im deutschen Wort Tor
◌ܶ	[rboṣo]	e	wie »e« im Deutschen
◌ܺ ܝ	[ḥboṣo] [Yuṯ]	i	wie »i« im Deutschen
◌ܽ ܘ	[cṣoṣo] [Waw]	u	wie »u« im Deutschen
◌ܷ	[rboṣo karyo]	ë	wie unbetontes »e« im Deutschen, etwa im Wort Tafel

»Mgalyun« – in Leder gebundene aramäische Bibel

Die Schreibweise der Doppelvokale in der Umschrift:

Deutsch	Aramäisch (Umschrift)	Beispiel	Aramäisch
Pleite	a + i → ay	bayto	ܒܰܝܬܳܐ
Baum	a + u → aw	mawto	ܡܰܘܬܳܐ

Bezeichnung von Bulgur auf Deutsch, Aramäisch und Türkisch

Um die Bulgur-Sorten Barġal und Garso besser voneinander unterscheiden zu können, bietet folgende Tabelle eine gute Übersicht. Neben der deutschen und aramäischen Bezeichnung wird die türkische Bezeichnung ebenfalls aufgeführt, damit der Einkauf in diesen Lebensmittelgeschäften ganz einfach gelingt. Die Fotos verdeutlichen vor allem den Unterschied bei Barġal und Garso und zeigen die verschiedenen Körnungen.

	Deutsch	Körnung	Aramäisch	Türkisch	Kommt z. B. in diesen Gerichten vor
	Bulgurweizen / Weizengrütze (vorgekocht)	ganz	Barġal / Rešo	Pilavlik Bulgur	Barġal (Seite 32), Rëšta (Seite 90)
	Bulgurweizen / Weizengrütze (vorgekocht)	grob	Barġal	Pilavlik Bulgur	Barġal (Seite 32)
	Bulgurweizen / Weizengrütze (vorgekocht)	fein	Hurëke du barġal	Köftelik Bulgur	Kutle (Seite 106), Gullokat di qima (Seite 110), Qursëkat (Seite 68), Ḥëmṣe (Seite 44)
	Bulgurweizen/ Weizengrütze (nicht vorgekocht)	grob	Garso	Şişe Bulgur (ausgesprochen Schisch Bulgur)	Garso (Seite 46), Gabula (Seite 78)
	Bulgurweizen/ Weizengrütze (nicht vorgekocht)*	fein	Hurëke du Garso	Şişe Kitel	Qursëkat (Seite 68), Ḥëmṣe (Seite 44), Kutle (Seite 106)

*Alternativ kann Grieß benutzt werden.

Einkaufstipp

Viele Lebensmittel und Gewürze gibt es in nahezu allen aramäischen und türkischen Lebensmittelgeschäften sowie in großen Supermärkten: zum Beispiel Sumagh, Bulgur (ganz, grob, fein), Garso (grob, fein), Yufka, eingelegte Weinblätter, Qadayif, Baqlawa-Blätterteig, Fadennudeln oder Granatapfelsirup.

ÜBER DIE ARAMÄER

Vielen Menschen ist das aramäische Volk oder die Bezeichnung »Aramäer« unbekannt. Die Aramäer sind ein semitisches Volk, dessen Heimat im Nahen Osten ist. Ältestes Zeugnis ihrer Existenz in Mesopotamien und Syrien ist eine assyrische Inschrift aus dem Jahr 1112 v. Chr. Auch das Alte Testament berichtet über das aramäische Volk sowohl in der Geschichte der Patriarchen Abraham, Isaak und Jakob als auch in den Büchern der Könige Israels und der Propheten. Heute ist Mesopotamien zwischen Syrien, Libanon, Irak und der Türkei aufgeteilt und existiert nicht mehr auf den aktuellen Landkarten.

Die Sprache

Die aramäische Sprache ist die älteste noch gesprochene semitische Sprache und gehört neben dem Griechischen und dem Chinesischen zu den drei ältesten Sprachen der Welt. Bereits zu Beginn des 8. Jahrhunderts v. Chr. wird das Aramäische zur Handels- und Diplomatensprache des Vorderen Orients. Dreihundert Jahre später, um 500 v. Chr., erklärt es der achämenidische König Dareios I. zur offiziellen Sprache des Persischen Reiches. Zur Zeit Jesu Christi ist das Aramäische die Umgangssprache im gesamten Nahen Osten. Selbst die Muttersprache Jesu war Aramäisch – seine Predigten hielt er in dieser Sprache.

Der fruchtbare Halbmond – Wiege der Zivilisation und Heimat der Aramäer.

Aramäer = Syrer?

In der Wissenschaft werden die Aramäer als »Syrer« bezeichnet. Dieser Begriff entstand nach der Eroberung der aramäischen Gebiete durch Alexander den Großen im 3. Jahrhundert v. Chr. Die Griechen bezeichnen das Gebiet, in dem Aramäer lebten, als »Syria« und die Bewohner »Syrioi« bzw. »Syroi«. Der zeitgenössische Historiker Posidonios schreibt: »Das Volk, welches von uns syrioi/syroi genannt wird, nennt sich selbst aramaioi.« Der traditionelle Begriff »Syrer« hat mit dem heutigen arabischen Staat Syrien also nur bedingt zu tun, da er für die Aramäer ethnischer Natur ist.

Die Aramäer heute

Die Aramäer besitzen kein eigenes Land. Ein Großteil der Aramäer musste die eigenen Heimatregionen im Südosten der Türkei, in Syrien, im Libanon und im Irak verlassen, da hier ein Leben für christliche Minderheiten nur unter schwierigsten Bedingungen möglich ist. Daher wandern seit über 100 Jahren, beginnend mit dem Ersten Weltkrieg, immer mehr aramäische Christen aus diesen Ländern aus. Sie finden rund um den Globus Zuflucht. Etwa 250.000 Aramäer leben heute in den Staaten Europas und davon mehr als 100.000 in der Bundesrepublik Deutschland. Weitere wichtige Zufluchtsländer sind die USA, Kanada und Australien. Ein kleiner Teil der aramäischen Bevölkerung lebt heute noch in den Ländern Syrien, Libanon, Irak und Türkei. Jedoch machen die Bürgerkriege in diesen Ländern ein normales Leben fast unmöglich.

Das Mutter-Gottes-Kloster von Hah in byzantinischer Architektur, ca. 449 n. Chr. erbaut. Die mündliche Überlieferung datiert die Grundfundamente auf die Zeit der Geburt Jesu Christi.

Ausblick vom Dorf Sare, auch Gawayto genannt, Richtung Kreisstadt Midyat (Südost-Türkei). Der mündlichen Überlieferung zufolge erbaut durch Terach, den Vater Abrahams.

DIE ESSKULTUR DER ARAMÄER

Die aramäische Esskultur ist vorrangig geprägt von einer herzlichen Gastfreundschaft. Die Aramäer lieben es, ihre Gäste zu bedienen, und lassen bei diesen keine Wünsche offen. Es ist Brauch, seine Gäste nicht nur mit den besten Gerichten zu verköstigen, sondern sie auch zwischen den Mahlzeiten mit Obst, Nüssen, Snacks und Spezialitäten zu versorgen.

Selbstversorgung bei den aramäischen Bauern

Eines der größten Siedlungsgebiete der Aramäer befindet sich in der Gebirgsregion im Südosten der Türkei, auch »Tur Abdin« (Berg der Knechte Gottes) genannt. Das Gebiet ist etwa so groß wie das Saarland, mit Hunderten Kirchen und Klöstern. Das etwa 1000 Meter über dem Meeresspiegel liegende Gebirgsplateau flacht nach Syrien ab. Hier gibt es selbst heute wenig Industrie. Man spürt die saubere, trockene Luft und die wohltuende Stille. Das Land wird von über 300 Sonnentagen im Jahr verwöhnt. Hier wachsen Oliven-, Mandel-, Granatäpfel-, Feigen- und Pistazienbäume. Daneben werden Wein sowie Wasser- und Honigmelonen angebaut.

Die Aramäer lebten in den letzten 100 Jahren überwiegend im Südosten der Türkei, im Nordwesten von Syrien, im Irak und im Libanon. Als Landwirte bewirtschafteten sie ihre Äcker, Felder, Obsthaine, Gemüsefelder und Weinberge. Daneben war die Viehzucht stark verbreitet: Schafe, Ziegen, Kühe und Hühner wurden mehrheitlich gehalten. Abgesehen von wenigen Lebensmitteln wie Zucker und Salz, die man in den Städten einkaufte, waren die aramäischen Bauern Selbstversorger.

Die in den Städten und größeren Siedlungsgebieten lebenden Aramäer gingen anderen Tätigkeiten nach. Als Gold- und Silberschmiede, Töpfer, Sattler, Kaufleute usw. waren ihre Fähigkeiten über die Grenzen hinaus begehrt.

Dorf Badebe im Südosten der Türkei.

Essen und Glaube sind eng verknüpft

Kirche im berühmten Kloster Mor Gabriel (Südost-Türkei, 397 n. Chr. erbaut).

Die aramäische Küche und die Religion, genauer gesagt der syrisch-orthodoxe Glaube, liegen nah beieinander. Sie gehören zusammen und müssen gemeinsam betrachtet werden. Dies liegt vor allem an der streng christlichen Lebensweise. Eine Mahlzeit zu sich zu nehmen, ohne Gott dabei zu berücksichtigen, ist für die syrisch-orthodoxen Aramäer nicht vorstellbar. Vor der Mahlzeit betet man daher das Vaterunser. Die Gastgeber sagen den Gästen »Haniye«, also: »Guten Appetit!« Nach dem Essen ist es vor allem für Gäste üblich, »Sefra dayim, aloho mozad« zu sagen. Dies ist eine Form der Danksagung für die Gastfreundschaft und für die Mahlzeit. Es bedeutet so viel wie »Immer ein gedeckter Tisch, Gott möge es vermehren«. Auch von den eigenen Familienmitgliedern wird diese Form der Danksagung erwartet. Damit wird den Köchen und Hausfrauen Anerkennung und Dank ausgesprochen.

Vom Fasten und von vegetarischer Vielfalt

Typischer Gemüse- und Obstmarkt in der Kreisstadt Midyat (Südost-Türkei).

Durch die orthodoxe Lebensweise ergeben sich im Laufe eines Kalenderjahres viele Fastenzeiten. Diese haben natürlich einen großen Einfluss auf die Ernährung und folglich auch auf die Esskultur. So werden von vielen Aramäern jährlich ganze 140 Tage des Fastens eingehalten. Obwohl die Syrisch-Orthodoxe Kirche von Antiochien, der die Aramäer mehrheitlich angehören, die Fastentage reduziert hat, besteht die ältere Generation der Aramäer auf die Einhaltung der kompletten 140 Tage. Die längste Fastenzeit, »Ṣawmo rabo«, findet sieben Wochen vor Ostern statt. Es ist eine Zeit der Buße, begleitet von vielen Andachten in der Kirche und zahlreichen Zeremonien und

Bräuchen. Daneben gibt es das Fasten vor Weihnachten, das Fasten zu Ehren der Heiligen Jungfrau Maria, das Fasten zu Ehren des Propheten Jonas und das Fasten zu Ehren der »zwölf Apostel«. Außerdem wird wöchentlich immer mittwochs und freitags gefastet. Die einzige Ausnahme sind die sieben Wochen nach Ostern. Während der Fastenzeit sind tierische Lebensmittel nicht erlaubt. Die einzige Ausnahme ist Fisch. Die vegetarischen Rezepte in diesem Buch sind mit einem Symbol versehen.

Bulgur – die Kartoffel der Aramäer

Aufgrund der vielen Fastentage entwickelte sich über die Jahrhunderte eine sehr gesunde und nahrhafte Ernährungsweise. Es gab wertvolles Vollkorngetreide wie Weizen, Roggen und andere Getreidesorten, welche immer frisch gemahlen wurden. Gewöhnlich hatte jeder Haushalt eine kleine Steinmühle zu Hause. Besonders Bulgur, in Deutschland auch als Weizengrütze bekannt, wird immer noch als Beilage ähnlich wie Reis zubereitet. Die Bedeutung von Bulgur bei den Aramäern kann mit der Kartoffel in der deutschen Küche verglichen werden. Bulgur enthält den Getreidekeim und ist daher reich an Ballaststoffen, Eiweiß und Vitaminen. Aus dem Bulgurweizen wurde in großen Mengen Bulgur hergestellt. Dabei wurden die Weizenkörner zuerst vorgekocht, anschließend getrocknet und zerkleinert. Daneben gab es »Garso«, derselbe Bulgurweizen, nur in ungekochter Form, der ebenfalls in verschiedene Körnungen zerkleinert wurde.
Heute werden aus Bulgur Suppen, Teig, Salate und vieles mehr zubereitet. Der Unterschied für die in den westlichen Industrienationen lebenden Aramäer besteht darin, diese Lebensmittel nicht mehr selbst herzustellen, sondern in aramäischen und türkischen Lebensmittelgeschäften einzukaufen. Speziell die Bulgursorten findet man oft nur noch dort oder in gut sortierten Supermärkten.

Die Rolle der Hülsenfrüchte

Neben dem Bulgur werden verschiedenste Hülsenfrüchte und Gemüse zu köstlichen Gerichten zubereitet. Kichererbsen, weiße und grüne Bohnen, rote Linsen und viel Gemüse wie Auberginen, Kürbis, Tomaten, Gurken oder Zucchini stehen regelmäßig auf dem Tisch. Vor allem die Hülsenfrüchte sind sehr reich an Proteinen und Kohlenhydraten. Neben Vitaminen weisen sie auch einen hohen Mineralstoffgehalt an Magnesium, Eisen und Zink auf.

Verschiedenste Nüsse, Körner und Hülsenfrüchte.

Die roten Linsen »Ṭlawḥe« gehören zu den ältesten Kulturpflanzen. Die aus dem fruchtbaren Halbmond stammenden Hochkulturen wie die Babylonier, Aramäer und Assyrer haben die roten Linsen gepflegt. Die roten Linsen kommen auch im Alten Testament vor. Der Erzählung zufolge hat Jakob, der jüngere Sohn Isaaks, seinem älteren Bruder Esau dessen Erstgeburtsrecht gegen einen Teller roter Linsen abgekauft (Gen 25,29–34).
Die Kichererbsen »Ḥëmṣe« verwenden die Aramäer für vielerlei Gerichte und Situationen. Neben der bekannten Kichererbsensuppe (Seite 44) haben die Aramäer aus Syrien das berühmte Hummus (Seite 191) zubereitet. Daneben werden die gerösteten Kichererbsen als Snack zum Knabbern wie Erdnüsse oder Chips serviert. Auf Hochzeiten, Taufen und anderen Festen waren die gerösteten Ki-

chererbsen mit Zuckerglasur besonders in der Heimat traditionell sehr beliebt. Gezuckerte und gekochte Kichererbsen werden teilweise heute noch Kindern, die ihre ersten Zähne bekommen, über den Kopf geschüttet. Das soll Glück bringen.

Alleskönner Wein

Aus Weinreben wurde nicht nur Wein gekeltert. Man nahm die zarten und frischen Weinblätter, um sie mit Reis, Gemüse oder Gehacktem zu füllen. Dies wird übrigens heute bei Apraxe (Seite 100) immer noch so gehandhabt.

Zu viel Wein tranken die frommen Aramäer jedoch nicht. Daher haben sie die Weintrauben häufig als Obst verspeist oder getrocknet und daraus Rosinen hergestellt. Außerdem nahm man den Weintraubensaft, oft aus den Resten der etwas schlechteren Trauben, und machte daraus verschiedenste Süßspeisen wie Bastiq (Seite 164), Ḥalile (Seite 168) und Coliqe (Seite 147).

Drei besondere Begleiter der Esskultur

»Tanuro«, traditioneller Backofen aus Stein und Lehm.

Insbesondere drei Lebensmittel sind typisch für die aramäische Esskultur und finden sich in der türkischen und persischen Küche wieder. Die jahrhundertelangen und gegenseitigen Einflüsse machen diese Entwicklung nachvollziehbar. Das Brot, im Aramäischen »Laḥmo«, wurde aus Vollkorngetreide gebacken und zu fast jedem Gericht gereicht. Bei vielen modernen aramäischen Haushalten ist dies noch heute so. Brot wird immer als Beilage serviert. Nicht umsonst gelten die Vorfahren der Aramäer, Assyrer und Babylonier als Erfinder des Brotes.

Čaye, schwarzer Tee, spielt bei den Aramäern ebenso eine wichtige Rolle. Dieser wird nicht nur zum Frühstück, sondern auch oft nach einer ausgiebigen Mahlzeit getrunken. Der Tee wird ähnlich wie in der türkischen Kultur in zwei Kannen zubereitet und in tulpenförmigen Gläsern serviert.

Das Joghurtgetränk Dawġe (Seite 203) wird bei den Aramäern einerseits als Erfrischungsgetränk zwischendurch und andererseits auch als traditionelles Getränk zu vielen Speisen serviert. Besonders mit Gerichten wie Kutle (Seite 106), Šamborakat (Seite 124), Barġal (Seite 184) und Rezo (Seite 186), also mit kohlenhydratreichen Speisen, ergibt es eine geschmackvolle Kombination.

ܡܦ̈ܩܬܐ: ܝܪ̈ܩܐ

ZALATAT
SALATE

Die Zubereitung der aramäischen Salate war im Ursprung abhängig von dem, was die Jahreszeiten und die Ernte boten. Heute werden diese Salate mit saisonalem Gemüse kombiniert und mit traditionellen Kräutern und Gewürzen wie Sumagh und Granatapfelsirup verfeinert.

ܙܠܛܐ ܥܡ ܒܥ̈ܐ

Zalata cam bece

Eiersalat

Der Eiersalat ist ein traditionelles Gericht zu Ostern.
Er wird meistens am Ostermontag zubereitet.

Für 4 Portionen

Zubereitungszeit:
ca. 20 Min.

Zutaten:

10 Eier
1 Bund Lauchzwiebeln
1 kleines Bund Petersilie
3 EL Öl
1 Prise Sumagh
1 TL Salz
schwarzer Pfeffer

1. Die Eier hart kochen, erkalten lassen, pellen und erst halbieren und dann längs vierteln.
2. Lauchzwiebeln und Petersilie waschen, beides fein schneiden.
3. Eier und Gemüse vermengen und mit Öl, Sumagh, Salz und Pfeffer abschmecken.

ܙܰܠܰܛܰܐ ܕܽܘ ܪܰܒܶܥ

Zalata du rabëc

Frühlingssalat

Die Aramäer lieben Kräuter, besonders Kresse, welche auch häufig im eigenen Garten eingepflanzt und im Frühling geerntet wird.

Für 4 Portionen

Zubereitungszeit:
ca. 20 Min.

Zutaten:

Für den Salat:
½ Kopf Eisbergsalat
100 g Rucola
100 g Spinat
250 g Kresse
½ Salatgurke
250 g Cherrytomaten
5 Radieschen
1 Bund Lauchzwiebeln
1 kleines Bund Petersilie
15 Blätter frische Minze

Für die Salatsoße:
4 EL Olivenöl
1 TL Sumagh (alternativ: Saft von ½ Zitrone)
½ TL Salz

1. Alle Zutaten für den Salat waschen, nach Belieben zerkleinern und in eine Salatschüssel geben.
2. In einer kleinen Schüssel Olivenöl, Sumagh und Salz zu einer Salatsoße verrühren, über den Salat gießen und alles miteinander vermengen.

ܙܠܛܐ ܕܗܘܐ ܪ̈ܥܝܐ

Zalata da rocye

Hirtensalat

Früher ein Gericht, das sich jeder leisten konnte, selbst der ärmste Hirte, heute ein beliebter Salat.

Für 4 Portionen

Zubereitungszeit: ca. 20 Min.

Zutaten:

Für den Salat:
2 rote Zwiebeln
1 Salatgurke
3 Tomaten
2 Knoblauchzehen
1 kleines Bund Petersilie

Für die Salatsoße:
2 EL Olivenöl
Kerne eines ganzen Granatapfels (alternativ: 2 EL Granatapfelsirup)
1½ TL Salz

1. Die Zwiebeln, die Salatgurke und die Tomaten waschen und in kleine Würfel schneiden. Die Knoblauchzehen schälen und fein hacken. Die Petersilie waschen, trocken schütteln und fein hacken. Alles in eine Salatschüssel geben.
2. In einer kleinen Schüssel die Zutaten für die Salatsoße verrühren, anschließend über den Salat gießen und alles vermengen.

ܙܠܛܐ ܥܡ ܓܘܒܬܐ

Zalata cam gweto

Gemischter Salat mit Käse

Merkmal dieses Salates ist die Vielfalt an frischem Gemüse und Käse. Besonders schmackhaft an warmen Sommertagen.

Für 6 Portionen

**Zubereitungszeit:
ca. 15 Min.**

Zutaten:

Für den Salat:
1 kleiner Kopf Romanasalat (alternativ: 1 kleiner Kopf Chinakohl)
½ Salatgurke
2 Tomaten
1 grüne Spitzpaprikaschote
1 rote Paprikaschote
2 Lauchzwiebeln
100 g Schafskäse
100 g selbst gemachter Käse (Seite 182; alternativ: Schafskäse, Feta oder Gouda)
1 kleines Bund Petersilie
1 kleines Bund Pfefferminze

Zutaten für die Salatsoße:
2 Knoblauchzehen
3 TL Olivenöl
1 TL Salz
1 TL Sumagh (alternativ: Saft von ½ Zitrone)
1 Prise geschroteter Chili

1. Romanasalat, Gurke, Tomaten, grüne Spitzpaprikaschote, rote Paprikaschote und Lauchzwiebeln waschen und putzen. Alles in längliche feine Streifen schneiden.
2. Schafskäse und selbst gemachten Käse würfeln. Petersilie und Pfefferminze waschen, trocken schütteln, fein hacken. Alles in eine große Schüssel geben.
3. Für die Salatsoße Knoblauch in eine kleine Schüssel pressen. Olivenöl, Salz, Sumagh und Chili dazugeben. Alle Zutaten verrühren, über den Salat gießen und alles miteinander vermengen.

ܙܠܛܐ ܕܗܘ ܟܘܠܘܟܬܐ ܕܗܘܢ ܩܝܡܐ

Zalata da gullokat di qima
Hackbällchensalat

Ein Sattmacher für den großen Hunger.

Für 4 Portionen

Zubereitungszeit:
ca. 25 Min.

Zutaten:

Für die Hackbällchen:
1 Schalotte
300 g Hackfleisch (gemischt)
1 TL Salz
½ TL gemischter roter, schwarzer und weißer Pfeffer aus der Mühle
1 TL Paprika, edelsüß
Pflanzenöl zum Braten

Zutaten für den Salat:
½ Romanasalat
4 Strauchtomaten
1 Gurke
½ rote Paprikaschote
1 gelbe Spitzpaprikaschote
1 grüne Spitzpaprikaschote
1 Zwiebel

Zutaten für die Salatsoße:
3 Knoblauchzehen
3 EL Olivenöl
Saft von 1 Zitrone
1½ TL Salz

1. Für die Hackbällchen die Schalotte abziehen und fein hacken. Hackfleisch in eine Schüssel geben. Schalotte, Salz, Pfeffer und Paprikapulver dazugeben und alle Zutaten miteinander vermengen. Hackfleischmasse zu walnussgroßen Bällchen formen.
2. Etwas Öl in eine Pfanne geben und die Hackbällchen portionsweise mit etwas Öl von allen Seiten braten.
3. Für den Salat Romanasalat, Strauchtomaten, Gurke und Paprikaschoten waschen. Zwiebel abziehen. Alles in längliche feine Streifen schneiden und in eine Salatschüssel geben.
4. Für die Salatsoße Knoblauch in eine kleine Schüssel pressen. Olivenöl, Zitronensaft und Salz dazugeben. Alle Zutaten miteinander vermengen.
5. Hackbällchen über dem Salat verteilen, Salatsoße darüber geben und alles miteinander vermischen.

ܙܠܛܐ ܕܘ ܩܛܝܪܐ ܘܕܒܘܨܝܢܐ

Zalata du qaṭiro w da boṣine

Aramäischer Joghurtsalat

Das aramäische Pendant zum griechischen Zaziki.

Für 4–6 Portionen

Zubereitungszeit:
ca. 15 Min.

Zutaten:

1 Salatgurke
2 Knoblauchzehen
700 ml Joghurt (3,5 % Fett)
Salz
Pfeffer

1. Salatgurke waschen und in feine Streifen schneiden. Knoblauch abziehen und fein hacken.
2. Gurke, Knoblauch und Joghurt in eine Salatschüssel geben und die Zutaten verrühren. Mit Salz und Pfeffer abschmecken.

ܐܝܟܐ ܥܒܕ ܣܠܛܗ ܕܗܘ ܒܪܓܠ

Salata du Barġal

Bulgursalat

Ein Muss in der orientalischen Küche.

Für 4–6 Portionen

Zubereitungszeit:
ca. 40 Min.

Zutaten:

300 g feiner Bulgur
1 Bund Petersilie
1 Bund Frühlingszwiebeln
2 rote Spitzpaprikaschoten
3 grüne Spitzpaprikaschoten
2 Tomaten
1 Zwiebel
2 Knoblauchzehen
50 ml Olivenöl + etwas mehr zum Braten
3 EL Tomatenmark
2 EL Ajvar
2 TL Salz
1 TL Pfeffer
1 TL Chili
100 ml Granatapfelsirup
Saft von 1 Zitrone

1. Bulgur in einen Topf geben, mit Wasser auffüllen, Wasser leicht abgießen und den Bulgur für etwa 20 Minuten ruhen lassen.
2. Petersilie waschen, trocken schütteln und fein hacken. Frühlingszwiebeln, Paprikaschoten und Tomaten waschen und in feine Stücke schneiden. Zwiebel und Knoblauch abziehen und fein hacken.
3. Etwas Olivenöl in eine Pfanne geben und Zwiebel und Knoblauch anbraten. Tomatenmark und Ajvar hinzugeben, kurz mitbraten. Den Pfanneninhalt sowie Frühlingszwiebeln, Paprikaschoten und Tomaten zum Bulgur geben und alles miteinander vermischen.
4. Anschließend die Petersilie, Salz, Pfeffer, Chili, Granatapfelsirup und Zitronensaft hinzufügen und alles vermengen.

ܙܠܛܐ ܕܐ ܓܙܪܬ ܘܕܠܗܢܐ

Zalata da gesarat u di lehane

Möhren-Spitzkohl-Salat

Wenige Zutaten mit viel Geschmack.

Für 4–6 Portionen

Zubereitungszeit:
ca. 15 Min. + 1 Stunde Ziehzeit

Zutaten:

1 kg Möhren
1 Spitzkohl
1 Bund Frühlingszwiebeln

Für die Marinade:
250 ml Joghurt (3,5 % Fett)
1 EL Senf
1 EL Honig
1 EL Olivenöl
½ TL Kräuter der Provence
Salz
Pfeffer

1. Möhren schälen und in eine große Schüssel raspeln. Spitzkohl waschen, den Strunk entfernen und die Blätter in feine Streifen schneiden. Die Frühlingszwiebeln waschen und in feine Ringe schneiden. Beides zu den Möhren geben.
2. Für die Marinade alle Zutaten verquirlen, über den Salat geben und alles miteinander vermengen. Mindestens 1 Stunde ziehen lassen.

ܙܠܛܐ ܕܚܡܨܐ

Zalata da ḥëmṣe

Kichererbsensalat

Das perfekte Gericht für eine gesunde und ausgewogene Ernährung.

Für 4–6 Portionen

Zubereitungszeit:
ca. 30 Min.

Zutaten:

150 g grüne Linsen
1 Dose Kichererbsen (Abtropfgewicht 480 g)
1 Bund Petersilie
1 kleines Bund Minze
1 Kopf Romanasalat
1 Bund Frühlingszwiebeln
10 Cherrytomaten

Für die Marinade:
Saft von 1 Zitrone
2 EL Granatapfelsirup
4 EL Olivenöl
Salz
Pfeffer
Chili

1. Linsen in einen kleinen Topf geben, mit kochendem Wasser übergießen und 10–20 Minuten auf niedriger Stufe köcheln lassen, anschließend Wasser abgießen und die Linsen etwas abkühlen lassen. Kichererbsen in ein Sieb geben und abtropfen lassen.
2. In der Zwischenzeit Petersilie und Minze waschen, trocken schütteln und fein hacken. Romanasalat waschen, Strunk entfernen und die Blätter in kleine Stücke zupfen. Frühlingszwiebeln und Tomaten waschen und in kleine Stücke schneiden. Alle Zutaten in eine Schüssel geben. Die gekochten Linsen und die Kichererbsen ebenfalls dazu geben.
3. Für die Marinade alle Zutaten vermengen, über den Salat geben und alles miteinander vermischen.

ܣܪ̈ܦܐ

SROFE

SUPPEN UND EINTÖPFE

In der aramäischen Küche werden bei der Zubereitung von Suppen und Eintöpfen viele Hülsenfrüchte verwendet, darunter die bekannten roten Linsen, Kichererbsen sowie weiße und grüne Bohnen. Viele Eintöpfe können variabel entweder mit oder ohne Fleisch zubereitet werden. Einen besonderen kulinarischen Genuss bieten vor allem Suppen und Eintöpfe, die mit Joghurt zubereitet werden.

ܛܠܘܚܐ

Ṭlawḥe

Linsensuppe

Ob Natur, mit Tomatenmark oder allerlei Gemüse, in jeder Variante ein Gaumenschmaus.

Für 4–6 Portionen

Zubereitungszeit:
ca. 50 Min.

Zutaten:

350 g rote Linsen
2 EL Reis
2 TL Salz
Saft von ½ Zitrone
6 EL Olivenöl,
Menge geteilt
2 Zwiebeln, Menge geteilt
1 TL geschroteter Chili
1 TL gem. Koriander
Pita oder Fladenbrot
zum Servieren

1. Linsen und Reis in ein Sieb geben, waschen und abtropfen lassen. Beides in einen großen Topf geben, mit 2 l Wasser übergießen, Salz hinzufügen und alles zunächst auf höchster Stufe aufkochen. Anschließend auf mittlerer Stufe ca. 40 Minuten köcheln lassen. Dabei gelegentlich umrühren, den Schaum von der Oberfläche mit einem Löffel abschöpfen und entsorgen. Am Ende der Garzeit Zitronensaft und 2 EL Olivenöl in die Suppe geben.
2. 1 Zwiebel abziehen und fein schneiden. Restliches Olivenöl in eine Pfanne geben und 1 Zwiebel darin andünsten, die Herdplatte ausstellen und das Ganze mit Chili und Koriander abschmecken.
3. Den Inhalt der Pfanne zur Suppe geben. Alles mit einem Stabmixer pürieren und weitere 10 Minuten köcheln lassen.
4. Übrig gebliebene Zwiebel abziehen und in feine Ringe schneiden. Zum Servieren über die Suppe geben. Nach Belieben Pita oder Fladenbrot dazu reichen.

Tipp: Bei Bedarf die Suppe nach Belieben mit heißem Wasser verdünnen.

ܛܠܘܚܐ ܥܡ ܡܝܐ ܕܒܝܢܬ ܣܡܘܩܐ

Ṭlawḥe cam maye da bajanat semoqe

Rote Linsensuppe

Ein sehr beliebtes Gericht zur Fastenzeit.

Für 4–6 Portionen

Zubereitungszeit:
ca. 50 Min.

Zutaten:

300 g rote Linsen
1 EL Reis
2 Karotten
2 TL Salz
2 Zwiebeln, Menge geteilt
4 EL Olivenöl
1 EL Tomatenmark
1 TL geschroteter Chili
1 TL gem. Koriander
Pita oder Fladenbrot
zum Servieren

1. Linsen und Reis in ein Sieb geben, waschen und abtropfen lassen. Karotten schälen, vierteln und in kleine Stückchen schneiden. Die Linsen, den Reis und die Karotten in einen großen Topf geben, mit 2 l Wasser aufgießen, Salz hinzufügen und alles zunächst auf höchster Stufe aufkochen. Anschließend die Suppe auf mittlerer Stufe ca. 40 Minuten köcheln lassen. Dabei gelegentlich umrühren, den Schaum von der Oberfläche mit einem Löffel abschöpfen und entsorgen.
2. 1 Zwiebel abziehen und fein schneiden. Olivenöl in eine Pfanne geben und Zwiebelwürfel darin andünsten. Tomatenmark hinzugeben, die Herdplatte ausstellen und das Ganze mit Chili und Koriander abschmecken.
3. Den Inhalt der Pfanne zur Suppe geben. Alles mit einem Stabmixer pürieren und weitere 10 Minuten köcheln lassen.
4. Übrig gebliebene Zwiebel abziehen und in feine Ringe schneiden. Zum Servieren über die Suppe geben. Nach Belieben Pita oder Fladenbrot dazu reichen.

Tipp: Bei Bedarf die Suppe nach Belieben mit heißem Wasser verdünnen.

حمّص

Ḥëmṣe

Kichererbsensuppe

Die kleinen Bulgurbällchen machen dieses Gericht besonders.

Für 4 Portionen

Zubereitungszeit:
ca. 130 Min. + 7 Stunden Einweichzeit

Zutaten:

250 g getr. Kichererbsen
5 EL rote Linsen
1 EL Salz
25 g feiner Bulgur
25 g feiner Garso/Grieß
1 Zwiebel
Olivenöl
1 TL gemischter roter, schwarzer und weißer Pfeffer aus der Mühle
1 TL getr. Minzblättchen
2 TL geschroteter Chili
1 TL getr. Koriander
1 TL getr. Rosmarin

1. Die Kichererbsen in einen Topf geben, mit 1 l Wasser übergießen, aufkochen und 7 Stunden oder über Nacht einweichen lassen. Durch ein Sieb gießen und das Wasser wegschütten.
2. Linsen und Salz zu den Kichererbsen geben, alles noch einmal aufkochen und ca. 90 Minuten kochen lassen. Die Kichererbsen sind dann gar, wenn die äußere Hülle aufplatzt.
3. Bulgur und Garso mit ½ l heißem Wasser übergießen und ca. 10 Minuten ziehen lassen. Anschließend durch ein Sieb gießen und das Wasser wegschütten. Die Bulgur-Garso-Masse ausdrücken, etwa durch ein Küchentuch. Eine Prise Salz dazugeben und vermengen. Anschließend ca. 20 Minuten ruhen lassen.
4. Die Bulgur-Garso-Masse zu einem festen Teig kneten. Falls dieser nicht bindet, etwas Mehl hinzugeben. Kirschgroße Kugeln formen. Die Kugeln zu der Kichererbsensuppe hinzufügen und weitere 10 Minuten kochen lassen.
5. Zwiebel abziehen und in feine Würfel schneiden. Etwas Olivenöl in eine Pfanne geben, die Zwiebel darin andünsten und mit den Gewürzen abschmecken, anschließend alles zu den Kichererbsen hinzugeben.

Tipps: Falls Bulgur und Garso nicht vorrätig sind, kann die Kichererbsensuppe auch nur mit Kichererbsen zubereitet werden.
Als Beilagen eignen sich Fladenbrot und Frühlingszwiebeln oder grüne Spitzpaprikaschoten. Die Spitzpaprika darf gern etwas scharf sein.

ܓܪܣܐ ܥܡ ܣܦܢܩ

Garso cam spanaq

Weizengrützensuppe mit Spinat

Ein gesunder Sattmacher.

Für 4 Portionen

Zubereitungszeit:
ca. 60 Min.

Zutaten:

250 g grober Garso
2 TL Salz, Menge geteilt
250 g frischer Spinat
1 Zwiebel
etwas Olivenöl
1 EL Tomatenmark
1 TL geschroteter Chili
1 TL Paprika, edelsüß
1 TL gemischter schwarzer, weißer und roter Pfeffer aus der Mühle

1. 2 l Wasser in einem Topf aufkochen, anschließend den Herd auf mittlere Stufe stellen. Garso und 1 TL Salz hinzugeben und ca. 40 Minuten kochen lassen.
2. Spinat waschen, trocknen und etwas zerkleinern und zum Garso hinzugeben.
3. Zwiebel abziehen und in feine Würfel schneiden. Olivenöl in einer Pfanne erhitzen und die Zwiebel darin andünsten. Tomatenmark hinzugeben. Mit 1 TL Salz, Chili, Paprika und Pfeffer abschmecken und zum Garso geben, unterheben und weitere 5 Minuten köcheln lassen.

Tipp: Garso kann auch mit Lammfleisch zubereitet werden.

ܣܪܘܦܬܐ ܕܝ ܦܪܫܐ

Srofto di paraša

Lauchsuppe

Wer den besonderen Geschmack von Lauch mag, wird diese Suppe lieben.

Für 4 Portionen

Zubereitungszeit:
ca. 30 Min.

Zutaten:

750 g Lauch
100 g Reis
1 EL Gemüsebrühe
100 ml Tomatenmark
1 Zwiebel
6 EL Olivenöl
1 TL geschroteter Chili
Salz
Schwarzer Pfeffer
Paprika, edelsüß

1. Lauch waschen und in Scheiben schneiden. Reis waschen.
2. 2 l Wasser zum Kochen bringen. Reis und Gemüsebrühe in das kochende Wasser geben und auf mittlerer Stufe 10 Minuten köcheln lassen.
3. Lauch und Tomatenmark zum Reis hinzugeben. Die Suppe ca. 15 Minuten auf mittlerer Stufe köcheln lassen.
4. Zwiebel abziehen und fein würfeln. Olivenöl in einer Pfanne erhitzen und die Zwiebeln darin glasig andünsten. Chili dazugeben und anschließend alles in die Suppe geben.
5. Die Suppe mit Salz, Pfeffer und Paprika abschmecken.

ܣܪܳܦܬܳܐ ܕܗܽܘ ܩܰܛܺܝܪܳܐ

Srofto du qaṭiro

Joghurtsuppe mit Reis

Die Kombination aus frischer Minze und Joghurt gibt dieser Suppe eine besondere Note.

Für 4 Portionen

Zubereitungszeit:
ca. 40 Min.

Zutaten:

600 ml Joghurt (3,5 %)
1 Ei
100 g Reis
1½ TL Salz
2 Knoblauchzehen
1 kleines Bund frischer Knoblauch (alternativ: Schnittlauch)
50 g Butter
½ TL geschroteter Chili

1. Den Joghurt und das Ei in eine Schüssel geben und mit einem Schneebesen kräftig verrühren, bis eine cremige Masse entsteht. Zusammen mit 1½ l Wasser in einen Topf geben und bei höchster Temperatur ständig rühren, bis die Suppe anfängt zu kochen.
2. Den Reis und das Salz dazugeben und die Suppe ca. 1 Minute auf höchster Stufe kochen lassen. Bei mittlerer Temperatur ca. 30 Minuten weiter köcheln lassen.
3. Frischen Knoblauch waschen, trocken schütteln und fein hacken. Zusammen mit Butter und Chili in einen kleinen Topf geben, kurz erhitzen und anschließend zur Suppe geben.
4. Kurz vor dem Servieren die Joghurtsuppe mit Minze verfeinern.

ܓܪܣܐ ܥܡ ܒܣܪܐ ܕܓܝܘܬܐ

Garso cam basro da gyote

Weizengrützensuppe mit Huhn

Weizengrützensuppe ist auch ohne Fleisch ein kulinarischer Genuss.

Für 4 Portionen

Zubereitungszeit:
ca. 80 Min.

Zutaten:

250 g Hähnchenbrust
Etwas Butter (alternativ: Margarine)
2 TL Salz, Menge geteilt
250 g grober Garso
Geschroteter Chili
Paprika, edelsüß

1. Hähnchenbrust waschen, trocken tupfen, in Würfel schneiden und in etwas Butter in einem hohen Topf kurz anbraten. Mit 1 TL Salz abschmecken und den Garso hinzufügen. 2½ l Wasser dazugeben.
2. Sobald das Wasser kocht, den Herd auf mittlere Temperatur stellen. Das restliche Salz hinzugeben und die Suppe etwa 60 Minuten köcheln lassen.
3. Zum Schluss die Suppe mit Chili und Paprika und je nach Bedarf mit Salz abschmecken.

Tipp: Statt Hähnchenfleisch passt auch Lammfleisch hervorragend zu diesem Gericht. Bei Bedarf kann die Suppe nach Belieben mit heißem Wasser verdünnt werden.

ܡܛܦܘܢܝܐ ܕܗܘܢ ܩܪܥܐ

Matfuniye di qarco

Kürbiseintopf mit Rind

Säuerlich und herzhaft.

Für 4–6 Portionen

Zubereitungszeit:
ca. 60 Min.

Zutaten:

500 g Rindfleisch
2 EL Butter (alternativ: Margarine)
1 Gemüsezwiebel
1½ kg Kürbis
Saft von 1 Zitrone
1 rote Paprikaschote
2 Tomaten
3 Knoblauchzehen
3 EL Tomatenmark
1 EL Ajvar
1 EL Salz
Kerne von 1 Granatapfel (alternativ 2 EL Granatapfelsirup)
Weißer und schwarzer Pfeffer aus der Mühle
Geschroteter Chili
Reis oder Bulgur zum Servieren

1. Fleisch in Würfel schneiden. Butter in einen großen Topf geben und das Fleisch darin kurz anbraten. Mit 250 ml Wasser ablöschen und köcheln lassen.
2. Zwiebel abziehen und in Streifen schneiden. Wenn das Wasser beim Fleisch vollständig aufgesogen ist, Zwiebel zum Fleisch hinzufügen und bei mittlerer Hitze weiterköcheln lassen.
3. Kürbis schälen, entkernen und das Fruchtfleisch würfeln. Zitronensaft über den Kürbis geben und beides gut miteinander vermischen. Anschließend den überschüssigen Zitronensaft vom Kürbis weggießen und den Kürbis in den Topf zum Fleisch geben.
4. Paprikaschote und Tomaten waschen und würfeln. Knoblauch abziehen und fein hacken. Ebenfalls in den Topf geben und alle Zutaten verrühren.
5. In einer kleinen Schüssel Tomatenmark und Ajvar mit 450 ml Wasser vermengen, mit Salz abschmecken und in den Topf zum Fleisch geben, aufkochen. Granatapfelkerne ebenfalls dazugeben.
6. Den Eintopf nach Belieben erneut mit Salz sowie Pfeffer und Chili abschmecken. Sobald der Eintopf kocht, die Temperatur erneut auf mittlere Stufe stellen und 25–30 Minuten köcheln lassen.
7. Mit gekochtem Reis oder Bulgur servieren.

Tipp: Statt Rindfleisch eignet sich auch Lammfleisch. Matfuniye di qarco ist zudem ohne Fleisch sehr bekömmlich und somit auch ein perfektes Gericht für Vegetarier, Veganer und Aramäer während der Fastenzeit.

ܦܣܘܠܝܐ ܚܘܪܬܐ ܥܡ ܒܣܪܐ ܕܦܪܐ

Fasuliye ḥewarto cam basro da fare

Weißer Bohneneintopf mit Lamm

Nahrhaft, gesund und sättigend.

Für 4 Portionen

Zubereitungszeit:
90 Min. + 7 Stunden Einweichzeit

Zutaten:

400 g getr. weiße Bohnen
300 g Lammfleisch
1 EL Salz
1 Zwiebel
Olivenöl
2 gehäufte EL Tomatenmark
Weißer Pfeffer
Geschroteter Chili
Paprika, edelsüß
1 kleines Bund Petersilie
Reis oder Bulgur zum Servieren

1. Die Bohnen in 2 l Wasser ca. 15 Minuten auf höchster Stufe kochen. Anschließend das Wasser abgießen, die Bohnen erneut mit 2 l heißem Wasser bedecken und 7 Stunden oder über Nacht einweichen lassen. Eingeweichte Bohnen durch ein Sieb abgießen und abtropfen lassen.
2. Das Fleisch in Würfel schneiden, waschen und in einem Sieb abtropfen lassen. Zusammen mit den Bohnen in einen Topf geben und mit 2 l Wasser aufgießen. Salz hinzugeben und insgesamt 1½ Stunden auf mittlerer Stufe köcheln lassen.
3. Zwiebel abziehen und würfeln. Etwas Olivenöl in eine Pfanne geben und die Zwiebel darin andünsten. Temperatur herunter schalten. Tomatenmark hinzugeben und mit Pfeffer, Chili und Paprika abschmecken. Anschließend alles zu den Bohnen geben und ca. 30 Minuten weiterköcheln lassen.
4. Zum Schluss Petersilie waschen, trocken schütteln und fein hacken. Zum Eintopf geben und unterrühren.
5. Mit gekochtem Reis oder Bulgur servieren.

Tipp: Statt Lammfleisch eignet sich auch Rindfleisch. Der Eintopf kann zudem ohne Fleisch zubereitet werden und ist daher auch für Vegetarier, Veganer und Aramäer während der Fastenzeit ein perfektes Gericht.

ܡܛܦܘܢܝܐ

Matfuniye

Eintopf nach aramäischer Art

Ohne Fleisch ist dieser Eintopf auch sehr lecker.

Für 4–6 Portionen

Zubereitungszeit:
ca. 50 Min.

Zutaten:

250 g Rind-/Lammfleisch
Butter (alternativ: Margarine)
2 TL Salz, Menge geteilt
1 Zwiebel
2 Auberginen
2 Zucchini
5 Tomaten
1 rote Paprikaschote
2 grüne Spitzpaprikaschoten
2 Knoblauchzehen
2 EL Tomatenmark
2 EL Ajvar
1 TL geschroteter Chili
1 TL gemischter schwarzer, roter und weißer Pfeffer aus der Mühle
Reis oder Bulgur zum Servieren

1. Fleisch würfeln. Etwas Butter in einem großen Topf schmelzen lassen, Fleisch hinzugeben und kurz anbraten. 250 ml Wasser und 1 TL Salz hinzugeben und bei mittlerer Hitze köcheln lassen, bis das Wasser verkocht ist.
2. Zwiebel abziehen und in Streifen schneiden. Auberginen, Zucchini, Tomaten und Paprikaschoten waschen und in gleich große Stücke schneiden. Knoblauch abziehen und fein hacken.
3. Zunächst die Zwiebelstreifen zum Fleisch geben, anschließend die Gemüsewürfel und den Knoblauch dazugeben.
4. In einer kleinen Schüssel Tomatenmark, Ajvar, restliches Salz, Chili und Pfeffer in 250 ml Wasser verrühren.
5. Die Soße zum Gemüsetopf hinzugeben und weitere 35 Minuten zunächst auf höchster, dann auf mittlerer Stufe kochen.
6. Mit gekochtem Reis oder Bulgur servieren.

Tipp: Dieser Eintopf kann auch sehr gut ohne Fleisch zubereitet werden und ist daher auch für Vegetarier, Veganer und Aramäer während der Fastenzeit geeignet.

ܦܣܘܠܝܐ ܝܪܩܬܐ ܥܡ ܒܣܪܐ ܕܗܘ ܦܪܐ

Fasuliye yaraqto cam basro da fare

Grüner Bohneneintopf mit Lamm

Dieses Gericht enthält geschmacklich alles, was man braucht: Es ist frisch, fruchtig und fleischig.

Für 4–6 Portionen

Zubereitungszeit: ca. 90 Min.

Zutaten:

600 g Lammfleisch
100 g Butter (alternativ: Margarine)
Salz
1 kg grüne Stangenbohnen
6 Cherrytomaten
1 Zwiebel
3 Knoblauchzehen
2 gehäufte EL Tomatenmark
Schwarzer und weißer Pfeffer aus der Mühle
Geschroteter Chili
Reis oder Bulgur zum Servieren

1. Fleisch in Würfel schneiden. Butter in einem Topf zerlassen und das Fleisch darin gut anbraten und mit Salz abschmecken. 400 ml Wasser hinzufügen und bei höchster Temperatur zum Kochen bringen. Sobald das Wasser kocht, die Temperatur auf mittlere Stufe stellen und ca. 40 Minuten köcheln lassen, bis die gesamte Flüssigkeit verkocht ist.
2. Bohnen und Tomaten waschen und putzen. Bohnen in 3–4 cm lange Streifen schneiden und Tomaten halbieren. Zwiebel abziehen und in Streifen schneiden. Knoblauch abziehen und fein hacken.
3. Zunächst die Bohnen zum Fleisch hinzugeben, zwei- bis dreimal verrühren, die Zwiebel dazugeben und ebenfalls etwas verrühren. Anschließend Tomaten und Knoblauch in den Topf geben und unterheben.
4. In einer kleinen Schüssel Tomatenmark und 400 ml Wasser miteinander verrühren und mit Salz, Pfeffer und Chili abschmecken. Danach in den Topf geben. Den Eintopf ca. 30 Minuten auf mittlerer Stufe köcheln lassen.
5. Mit gekochtem Reis oder Bulgur servieren.

Tipp: Statt Lammfleisch eignet sich auch Rindfleisch. Der Eintopf kann zudem ohne Fleisch zubereitet werden und ist daher auch für Vegetarier, Veganer und Aramäer während der Fastenzeit ein perfektes Gericht. Statt Bohnen können auch Kaiserschoten verwendet werden.

ܡܪܓܐ

Marga
Lammeintopf mit Zwiebeln

Marga wurde früher traditionell an Weihnachten zubereitet.

Für 4–6 Portionen

Zubereitungszeit:
ca. 45 Min.

Zutaten:

800 g Lammfleisch
100 g Butter (alternativ: Margarine)
2 TL Salz, Menge geteilt
1 kg Zwiebeln
150 g Tomatenmark
1 TL Paprika, edelsüß
1 TL geschroteter Chili
1 TL weißer Pfeffer
1 TL schwarzer Pfeffer
1 TL Pimentkörner
Reis oder Bulgur zum Servieren

1. Lammfleisch in mundgerechte Stücke schneiden. Butter in einem Topf schmelzen lassen, Lammfleischstücke hinzufügen, hin und wieder wenden.
2. 125 ml Wasser und 1 TL Salz zum Fleisch hinzugeben und das Fleisch mit geschlossenem Deckel köcheln lassen, bis das Wasser verkocht und das Fleisch gar ist.
3. In der Zwischenzeit die Zwiebeln abziehen, in Streifen schneiden und wenn das Fleisch gar ist, hinzugeben und kurz mit anbraten.
4. 1 l Wasser und Tomatenmark über das Fleisch gießen und verrühren, bis sich das Tomatenmark auflöst.
5. Zuletzt mit dem restlichen Salz, Paprika, Chili, Pfeffer und Pimentkörnern abschmecken und alles ca. 20 Minuten bei mittlerer Stufe köcheln lassen.
6. Mit gekochtem Reis oder Bulgur servieren.

ܡܛܦܘܢܝܗ ܕܝܗܝ ܩܪܥܐ ܘܕܝܗܝ ܒܡܝܐ

Matfuniye di qarco u di bamiya

Kürbiseintopf mit Okraschote

Kürbis und Okraschote harmonieren unfassbar gut miteinander.

Für 4–6 Portionen

Zubereitungszeit:
ca. 50 Min.

Zutaten:

1 Gemüsezwiebel
1 kg Kürbis (nicht mehlig)
2 rote Paprikaschoten
2 Knoblauchzehen
Etwas Olivenöl
500 g getr. Tomaten
500 g getr. oder TK-Okraschoten (Bamiya)
2 EL Tomatenmark
2 EL Ajvar
2 TL Salz
1 TL geschroteter Chili
1 TL Pfeffer

1. Zwiebel abziehen und in Streifen schneiden. Kürbis schälen, entkernen und in mundgerechte Stücke schneiden. Paprika waschen und ebenfalls in mundgerechte Stücke schneiden. Knoblauch abziehen und fein hacken.
2. Etwas Olivenöl in einem großen Topf heiß werden lassen, Zwiebeln darin anbraten, anschließend die getrockneten Tomaten, Okraschoten (Bamiya), Paprika- und Kürbisstücke und Knoblauch dazugeben und kurz andünsten.
3. Tomatenmark, Ajvar, Salz, Chili, Pfeffer und ca. 500 ml Wasser in den Topf geben und das Ganze ca. 30 Minuten köcheln lassen. Den Eintopf nur wenig umrühren, damit das Gemüse nicht matschig wird, sondern schön fest bleibt.

Tipp: Mit selbst gebackenem Brot serviert schmeckt der Eintopf besonders gut.

ܡܘܟ̈ܠܢܐ ܚܝ̈ܦܐ

MUKLONE XAYIFE
LEICHTE VEGETARISCHE SPEISEN UND FINGERFOOD

»Muklone xayife« bestehen in der aramäischen Küche ursprünglich aus Resten verschiedener Gerichte. Bulgurtaler (Seite 70) wurden traditionell aus dem Restteig der Kutle und Baloc (Seite 68) aus der Linsensuppe des Vortags zubereitet. Jedoch sind einige Gerichte auch auf das heiße Klima zurückzuführen. Sie sind allesamt leicht verdaulich und einige von ihnen bringen in den Sommermonaten eine willkommene Erfrischung.

ܩܳܘܪܣܶܟܳܬ

Qursëkat

Bulgurtaler

Einfach, exotisch, nahrhaft.

Für 10 Stück

Zubereitungszeit:
30–35 Min. + 20 Minuten Ruhezeit

Zutaten:

200 g feiner Bulgur
100 g feiner Garso/Grieß
1 Schalotte
1 TL Salz
½ TL schwarzer Pfeffer
½ TL weißer Pfeffer
Geschroteter Chili nach Belieben
3 Eier
Öl zum Braten (alternativ: Butter)

1. Bulgur und Garso in eine Schüssel geben, mit warmem Wasser bedecken und nach ca. 10 Minuten gründlich ausdrücken. Erneut 10 Minuten ruhen lassen.
2. Die Schalotte abziehen und fein hacken, zu der eingeweichten Bulgur-Garso-Masse geben und mit Salz, schwarzem und weißem Pfeffer und Chili zu einem festen Teig kneten.
3. Den Teig mit angefeuchteten Händen zu 10 gleichgroßen Bällen formen. Die Bälle anschließend zu Talern flachdrücken.
4. Die Eier in einer kleinen Schüssel aufschlagen und die Taler darin eintauchen. Reichlich Öl in einer Pfanne heiß werden lassen und die Qursëkat von beiden Seiten goldbraun anbraten.

Tipp: Die Qursëkat können mit jedem beliebigen Salat kombiniert werden. Auch Joghurt schmeckt hervorragend dazu.

ܒܰܠܘܥ

Baloc

Bulgurnocken mit roten Linsen und Kräutern

Früher diente dieses Gericht zur Resteverwertung. In die übrig gebliebene Linsensuppe wurden etwas Bulgur und Zwiebeln hinzugegeben, einige Kräuter und Gewürze, und schon entstand ein nahrhaftes und gesundes Gericht.

Für 6 Portionen

Zubereitungszeit:
ca. 45 Min.

Zutaten:

5 EL rote Linsen
100 ml Olivenöl + etwas mehr zum Braten
1½ TL Salz
2 EL Tomatenmark
½ TL gem. Kardamom
Geschroteter Chili
Schwarzer Pfeffer
400 g feiner Bulgur
1 Zwiebel
1 Bund Frühlingszwiebeln
1 Bund Petersilie
½ Bund frische Minze (alternativ: 1 TL getr. Minze)

1. Linsen waschen, in einen großen Topf geben und mit 1125 ml Wasser aufgießen. Zunächst 20 Minuten auf höchster, anschließend auf mittlerer Stufe kochen lassen, bis sich die Linsen auflösen.
2. Öl zur Linsensuppe hinzugeben, mit Salz abschmecken. Tomatenmark und Kardamom dazugeben. Mit Chili und Pfeffer abschmecken. Bulgur zur Suppe geben. Das Ganze bei niedriger Temperatur und geschlossenem Deckel 5–10 Minuten ziehen lassen, bis das Wasser aufgesogen ist.
3. Zwiebel abziehen und in Würfel schneiden. Etwas Öl in eine Pfanne geben und die Zwiebelwürfel darin andünsten und zum Bulgur geben. Den fertigen Baloc in eine Schüssel geben und abkühlen lassen.
4. Frühlingszwiebeln, Petersilie und Minze waschen, trocknen und in feine Streifen schneiden.
5. Den Baloc in die Handfläche nehmen und andrücken, sodass ovale Nocken entstehen. Den Baloc je auf ein Blatt Salat geben und nach Belieben mit Zitronenspalten servieren.

Tipp: Baloc ist ein Fingerfood. Er kann einzeln zum Salat oder aber auch im Salatblatt eingerollt verzehrt werden. Als Beilage isst man den Baloc auch mit einer Gabel.

ܒܳܝܳܢܳܬ ܟܽܘܡ̈ܐ ܕܩ̈ܐ

Bajanat kome diqe

Gestampfte Auberginen mit Knoblauch

Dieses Gericht ist sowohl warm als auch kalt ein Genuss.

Für 4 Portionen

Zubereitungszeit:
ca. 60 Min.

Zutaten:

4 Auberginen
4 Knoblauchzehen
4 EL Öl
Salz
Pfeffer
Geschroteter Chili
1 kleines Bund frischer Knoblauch (alternativ: Schnittlauch)

1. Den Backofen auf 250 °C Ober-/Unterhitze (230 °C Umluft) vorheizen.
2. Auberginen waschen und mit einer Gabel ein- bis zweimal einstechen.
3. Auberginen im Ofen ca. 40 Minuten backen.
4. Auberginen ca. 10 Minuten abkühlen lassen, häuten, in kleine Würfel schneiden und in einem Sieb abtropfen lassen. Anschließend mit einer Gabel stampfen.
5. Knoblauchzehen abziehen und fein hacken. Öl in einer großen Pfanne erhitzen und Knoblauch darin kurz anbraten. Auberginen dazugeben, kurz mit anbraten und mit Salz, Pfeffer und Chili abschmecken.
6. Zum Schluss den frischen Knoblauch waschen, trocknen, fein hacken und über die gestampften Auberginen streuen.

Tipp: Gestampfte Auberginen kann man sehr gut mit Fladenbrot essen.

Labaniye

Weizen mit Joghurt

Besonders im Sommer ist Labaniye eine erfrischende, belebende und vor allem eine gesunde Speise.

Für 6 Portionen

Zubereitungszeit:
ca. 50 Min.

Zutaten:

200 g Weizenkörner
1 l Joghurt (3,5 % Fett)
2 EL Quark
Salz

1. Weizenkörner in einem Sieb gründlich mit kaltem Wasser waschen. Anschließend zusammen mit 1 l Wasser in einen Topf geben und ca. 45 Minuten kochen.
2. Den Herd ausschalten. Den Topf mit dem Weizen auf der Herdplatte stehen lassen, bis die Weizenkörner das Wasser vollständig aufgesaugt haben. Weizen in einem Sieb ca. 30 Minuten abkühlen lassen.
3. Joghurt und Quark unter den abgekühlten Weizen heben und mit Salz abschmecken.
4. Für eine herzhafte Variante 1 Zehe Knoblauch, 1 Bund Schnittlauch und eine Prise Pfeffer unterrühren.
5. Für eine süße Variante das Salz weglassen und stattdessen 2 EL Zucker, 1 Päckchen Vanillezucker und nach Belieben frisches Obst unterrühren.

Tipps: Gut verschlossen im Kühlschrank hält sich die Labaniye mehr als eine Woche.
Wenn man sie etwas flüssiger mag, etwas stilles Wasser hinzugeben und gut umrühren.

ܕܘܠܡܟܬ

Dolëmkat

Lauwarmer Zucchinisalat

Als Fingerfood lässt sich die Dolëmkat sehr gut mit Fladenbrot oder Pfannenbrot aus der Hand essen.

Für 4 Portionen

Zubereitungszeit:
ca. 15 Min.

Zutaten:

800 g Zucchini
1 Zwiebel
3 Knoblauchzehen
3 EL Olivenöl
1½ TL Salz
1 Prise schwarzer und weißer Pfeffer
1 TL Chili (alternativ: Paprika, edelsüß)
Brot, Bulgur oder Reis zum Servieren

1. Zucchini waschen und fein würfeln. Zwiebel abziehen und fein würfeln. Knoblauch abziehen und fein hacken.
2. Olivenöl in einer Pfanne erhitzen und Zwiebeln darin andünsten. Zucchini und Knoblauch hinzufügen und alles 7–10 Minuten andünsten.
3. Zum Schluss mit Salz, Pfeffer und Chili abschmecken.
4. Mit Brot oder gekochtem Bulgur oder Reis servieren.

Tipp: Auch mit Rührei zubereitet schmeckt der Salat besonders gut.

ܓܒܘܠܐ

Gabula

Weizengrütze mit Joghurtsoße

Die Kombination aus Weizengrütze, Joghurt und geschmolzener Butter ist eine wahre Geschmacksexplosion.

Für 4 Portionen

Zubereitungszeit:
ca. 70 Min.

Zutaten:

Für die Weizengrütze:
400 g grober Garso
1 TL Salz
1 EL Öl

Für die Joghurtsoße:
300 g Joghurt (3,5 % Fett)
250 g Magerquark
100 g Sahnequark
1 TL Salz

Für die Buttersoße:
50 g Butter
1 TL Paprika, edelsüß (alternativ: Paprika, rosenscharf)
Getoastetes Brot zum Servieren

1. Garso in einem Sieb gründlich waschen und abtropfen lassen.
2. 2 l Wasser aufkochen. Garso, Salz und Öl in das kochende Wasser geben. Den Herd auf niedrige Stufe herunterschalten, den Garso 50–60 Minuten köcheln lassen und immer wieder umrühren.
3. Währenddessen für die Joghurtsoße Joghurt, Mager- und Sahnequark mit 800 ml Wasser vermengen. Salz hinzugeben. Alles mit einem Schneebesen zu einer glatten Soße verrühren.
4. Für die Buttersoße Butter in einem Topf schmelzen lassen, bis sich Schaum bildet. Den Topf von der Herdplatte nehmen. Die Butter mit Paprika abschmecken.
5. Garso in einen tiefen Teller geben und in der Mitte eine Mulde formen. Die Joghurtsoße in die Mulde geben und 1 EL Buttersoße darüberträufeln.

فلافل

Falafel
Kichererbsentaler

Ein Gericht des Orients.

Für 4 Portionen

Zubereitungszeit:
ca. 40 Min.

Zutaten:
500 g getr. Kichererbsen (alternativ: 2 Dosen Kichererbsen, Abtropfgewicht je 240 g)
1 Bund Petersilie
3 Knoblauchzehen
3 EL Mehl
200 ml Wasser
2 TL Salz
½ TL Pfeffer
1 TL Chili-Öl

1. Getrocknete Kichererbsen über Nacht einweichen lassen (Kichererbsen aus der Dose abtropfen lassen), in die Küchenmaschine geben und fein mahlen.
2. Petersilie waschen, trocken schütteln und fein hacken. Knoblauch abziehen und ebenfalls fein hacken.
3. Alle Zutaten in eine große Schüssel geben und zu einem Teig vermengen. Kleine Taler aus dem Teig formen und nach Belieben ein Loch in die Mitte setzen.
4. Reichlich Öl in einer Pfanne erhitzen, die Falafel von beiden Seiten goldbraun darin anbraten.

Joghurtdip
(S. 196)

ܡܘܟܠܢܐ ܕܠܐ ܒܣܪܐ

MUKLONE DLO BASRO

VEGETARISCHE TEIG- UND GEMÜSE-SPEISEN

Einige der Gerichte in diesem Kapitel sind überwiegend auf den ṣawmo, die syrisch-orthodoxe Fastenzeit, zurückzuführen. Während dieser Zeit werden keine tierischen Lebensmittel verzehrt. Das Besondere bei den folgenden Gerichten: Trotz der leichten Verdaulichkeit der Speisen erfährt man einen vollmundigen Geschmack.

ܫܡܒܘܪ̈ܟܬ ܕܨܘܡܐ

Šamborakat du ṣawmo

Teigtaschen mit Spinat

Diese Teigtaschen sind sehr reichhaltig an Gemüse.

Für 4 Portionen

Zubereitungszeit:
ca. 50 Min.

Zutaten:

Für die Füllung:
2 Kartoffeln
2 grüne Spitzpaprikaschoten (mild)
½ rote Paprikaschote
1 Gemüsezwiebel
250 g frische Champignons
500 g frischer Spinat
Öl zum Braten
Salz
½ TL weißer Pfeffer
½ TL schwarzer Pfeffer
1 TL geschroteter Chili (alternativ: Paprika, edelsüß)

Für den Teig:
600 g Mehl
1 TL Salz
1 Päckchen Trockenhefe
1 EL Margarine
340 ml lauwarmes Wasser
1 EL Öl + etwas mehr zum Braten

1. Für die Füllung Kartoffeln schälen, Spitzpaprika und Paprika waschen, Zwiebel abziehen, Champignons putzen. Das Gemüse in feine Würfel schneiden.
2. Spinat ebenfalls waschen, trocknen, klein schneiden und mit kochendem Wasser übergießen. Spinat in einem Sieb abtropfen lassen und, wenn nötig, das Wasser aus dem Spinat ausdrücken.
3. Öl in eine große Pfanne geben, den Spinat darin kurz andünsten, herausnehmen und beiseitestellen. Mit dem restlichen Gemüse genauso verfahren: Jedes Gemüse einzeln andünsten, damit es nicht übermäßig viel Flüssigkeit verliert, dabei mit Salz abschmecken, herausnehmen und beiseitestellen. (Das Gemüse kann nach Belieben auch zusammen angedünstet werden.)
4. Das angedünstete Gemüse anschließend zusammen in eine Schüssel geben, mit Pfeffer und Chili abschmecken und umrühren. Fertige Gemüsefüllung erkalten lassen.
5. Währenddessen für den Teig Mehl und Salz vermengen und eine Mulde in der Mitte formen. Hefe, Margarine und Wasser zum Mehl geben und die Zutaten zu einem geschmeidigen Teig kneten. Öl dazugeben und den Teig geschmeidig kneten. Teig ca. 5 Minuten ruhen lassen.
6. Aus dem Teig 18–20 Kugeln formen. Die Teigkugeln kreisförmig, etwa kuchentellergroß ausrollen. Die Teigplatten zur Hälfte mit je 1½ EL Füllung belegen. Die nicht belegte Hälfte des Teiges auf die belegte Hälfte klappen, sodass der Teig bündig übereinander liegt und ein Halbmond entsteht. Die Ränder fest andrücken.
7. Etwas Öl in einer Pfanne heiß werden lassen und die Šamborakat von beiden Seiten goldbraun braten.

ܫܡܒܘܪܟܬ ܕܝ ܝܘܦܟܐ

Šamborakat di Yufka

Blätterteig mit Spinat und zweierlei Käse

Perfekt, wenn es mal schnell gehen soll.

Für 6 Portionen

Zubereitungszeit:
ca. 50 Min.

Zutaten:

200 g Schafskäse
50 g Gouda am Stück
150 g Butter (alternativ: Margarine), Menge geteilt + etwas mehr zum Einfetten
4 Eier
200 ml Milch
200 ml Sahne
250 g frischer Spinat
1 Stange Lauchzwiebeln
Salz

1. Schafskäse und Gouda reiben.
2. 100 g Butter schmelzen. Eier, Milch und Sahne dazugeben und mit einem Schneebesen verrühren. 100 ml von der gesamten Soße für die oberste Yufka-Schicht beiseitestellen.
3. Spinat und Lauchzwiebeln waschen und klein schneiden. Die restliche Butter in einer Pfanne erhitzen, Spinat und Lauch kurz andünsten und mit Salz abschmecken.
4. Den Backofen auf 200 °C Ober-/Unterhitze (180 °C Umluft) vorheizen. Ein Backblech oder eine Auflaufform mit Butter einfetten.
5. Ein Yufka-Teigblatt auf das Blech legen, mit etwas Soße beträufeln und mit einem weiteren Teigblatt belegen. Dieses erneut mit der Soße beträufeln.
6. Das dritte Teigblatt mit der Hand zerkleinern, auf dem bereits beträufelten Teigblatt verteilen, die restliche Soße darauf gießen und mit Spinat und Käse belegen.
7. Das vierte Teigblatt auf den Spinat legen. Mit der Hälfte der zurückbehaltenen Soße begießen. Anschließend mit dem letzten Teigblatt belegen und die übrige Soße auf dem obersten Teigblatt verteilen.
8. Yufka ca. 35 Minuten im Ofen backen, bis das oberste Teigblatt goldbraun ist.

Hausgemachter
Joghurt
(S. 180)

ܐܦܪ̈ܟܣܐ ܕܨܘܡܐ

Apraxe du ṣawmo

Gefüllte Weinblätter

Ob warm oder kalt – in jeder Hinsicht ein Genuss.

Für 4 Portionen

Zubereitungszeit:
ca. 120 Min. + evtl. 5 Stunden Einlegezeit

Zutaten:

300 g frische Weinblätter (alternativ: eingelegte Weinblätter)

Für die Füllung:

1 Zwiebel
200 g Champignons
½ Aubergine
2 Spitzpaprikaschoten
2 Tomaten
Olivenöl
2 EL Tomatenmark
400 g Reis
1 kleines Bund frische Minze (alternativ: 1 TL getr. Minze)
1 kleines Bund frische Petersilie (alternativ: 1 TL getr. Petersilie)
4 Knoblauchzehen
1 TL Salz
1 TL geschroteter Chili
1 TL schwarzer, weißer und roter Pfeffer aus der Mühle
1 EL Gemüsebrühe

1. Frische Weinblätter mit kochendem Wasser übergießen und ca. 20 Minuten ruhen lassen. Eingelegte Weinblätter ca. 5 Stunden in Wasser einlegen.
2. Zwiebel abziehen, Champignons putzen und Aubergine, Paprika und Tomaten waschen. Das Gemüse in sehr feine Würfel schneiden.
3. Etwas Olivenöl in einer Pfanne erhitzen und die Gemüsewürfel kurz andünsten. Tomatenmark dazugeben.
4. Den Reis in warmem Wasser auswaschen und zum Gemüse geben.
5. Minze und Petersilie waschen, trocken schütteln und fein hacken. Knoblauch abziehen und ebenfalls fein hacken. Unter die Füllung heben. Zuletzt die Füllung mit Salz, Chili, Pfeffer und Gemüsebrühe vermengen.
6. 1 TL Füllung quer in die Mitte eines Weinblattes geben, ca. 1 cm auf der rechten und linken Seite auslassen, diese Seiten nach innen einklappen, die untere Seite des Weinblattes auf die Füllung klappen und das Weinblatt einrollen. Die gefüllten Weinblätter dicht aneinandergelegt in einen Topf schichten.
7. 400 ml Wasser über die gefüllten Weinblätter gießen und auf höchster Stufe zum Kochen bringen. Anschließend die Temperatur auf niedrige Stufe stellen, weitere 400 ml Wasser darübergießen und ca. 50 Minuten köcheln lassen. Die gefüllten Weinblätter in eine flache Schale kippen.

Zutaten für die Soße:
1 kleines Bund Knoblauch (alternativ: 5 Knoblauchzehen)
3 EL Olivenöl
1 TL Gemüsebrühe

8. Für die Soße Knoblauch waschen, trocken schütteln und fein hacken. Olivenöl in einem Topf erhitzen und Knoblauch kurz andünsten. Anschließend 100 ml Wasser und die Gemüsebrühe dazugeben und kurz aufkochen. Die fertige Soße über die gefüllten Weinblätter verteilen.

Tipp: Den Topfboden sollte man am besten mit Schaschlik-Holzstäbchen auslegen, damit die gefüllten Weinblätter später nicht am Boden festkleben.

ܪܫܬܐ

Rĕšta

Bandnudeln mit Ei

Ein traditionelles aramäisches Nudelgericht.

Für 4 Portionen

Zubereitungszeit:
ca. 35 Min.

Zutaten:

250 g Bandnudeln
150 g grober Bulgur
4 Eier
2 EL Butter (alternativ: Margarine)
Salz
Pfeffer
geschroteter Chili

1. Den Backofen auf 200 °C Ober-/Unterhitze (180 °C Umluft) vorheizen.
2. Die Bandnudeln im Ofen ca. 10 Minuten goldbraun backen.
3. 2½ l reichlich gesalzenes Wasser zum Kochen bringen und gebackene Bandnudeln und Bulgur 10–12 Minuten kochen. Rĕšta in ein Sieb abgießen.
4. Butter/Margarine in einer Pfanne erhitzen, die Eier dazugeben, verrühren und mit Salz, Pfeffer und Chili abschmecken.
5. Anschließend die Rĕšta in die Pfanne zu den Rühreiern geben und alles miteinander vermengen.

Tipp: Die Bandnudeln werden zwar gemeinsam mit den Rühreiern gebraten, man kann jedoch einen Teil der Rühreier zum Servieren auch über die Bandnudeln geben.

ܛܘܐ

Ṭawa

Ofengemüse

Herzhaft, gesund und schnell.

Für 4 Portionen

Zubereitungszeit:
ca. 60 Min.

Zutaten:

2 Zwiebeln
250 g grüne Bohnen
Öl zum Braten
1 rote Paprikaschote
2 Auberginen
2 Zucchini
5 Knoblauchzehen
2½ TL Salz + etwas mehr zum Abschmecken
1 TL Pfeffer + etwas mehr zum Abschmecken
1 TL geschroteter Chili
12 Cherrytomaten
Reis oder Bulgur zum Servieren

1. Den Backofen auf 250 °C Ober-/Unterhitze (230 °C Umluft) vorheizen.
2. Zwiebeln abziehen und in Streifen schneiden. Bohnen waschen, putzen und je nach Größe halbieren oder dritteln. Etwas Öl in eine Pfanne geben und Zwiebeln und Bohnen andünsten.
3. Paprika, Auberginen und Zucchini waschen, putzen und nach Belieben in etwas größere Stücke schneiden. Knoblauch abziehen und fein hacken. Zur Zwiebel-Bohnen-Mischung geben und mit anbraten, bis ein angenehmes Röstaroma entsteht.
4. Alle Zutaten auf ein tiefes Blech geben, mit Salz, Pfeffer und Chili abschmecken und nochmals vermengen.
5. Tomaten waschen, halbieren, mit Salz und Pfeffer abschmecken und auf dem Gemüse verteilen. Das Gemüse ca. 35 Minuten im Ofen backen.
6. Mit gekochtem Reis oder Bulgur servieren.

ܕܘܩܐ

Dawqe

Pfannkuchen nach aramäischer Art

Fluffig, weich und köstlich. Und das ganz ohne Ei.

Für 4 Portionen

Zubereitungszeit:
ca. 35 Minuten

Zutaten:

½ Würfel Frischhefe
1 EL Zucker
½ TL Salz
100 g Butter (alternativ: Margarine)
500 g Mehl

1. In einer großen Schüssel 800 ml Wasser, Hefe, Zucker und Salz mit einem Schneebesen oder einem Handrührgerät verrühren, bis sich die Hefe auflöst.
2. Butter in einem Topf schmelzen und dann zu den restlichen Zutaten geben und unterrühren.
3. Mehl nach und nach dazugeben, mit dem Schneebesen oder Handrührgerät verrühren, bis eine geschmeidige Masse entsteht. Den Teig ca. 15 Minuten ruhen lassen.
4. Eine beschichtete Pfanne heiß werden lassen. Jeweils eine Kelle Teig in die Pfanne geben und die Pfannkuchen von beiden Seiten goldgelb braten.

Tipp: Dawqe entweder mit Weintraubensirup oder Honig beträufeln, mit Nuss-Nougat-Creme bestreichen oder mit Puderzucker bestreuen. Auch frisches Obst schmeckt hervorragend dazu.

ܡܘܟܠܢܐ ܥܡ ܒܣܪܐ

MUKLONE CAM BASRO

SPEISEN MIT FLEISCH

Traditionell wurden aramäische Fleischspeisen häufig aus Lamm- oder Rindfleisch zubereitet. Heute verwendet man meist Hackfleisch. Ihren besonderen Geschmack erhalten diese Gerichte durch die frischen Kräuter und Gewürze wie Minze, Petersilie, Pfeffer und Chili.

ܒܝܢܬ ܟܘ̈ܡܐ ܚܫ̈ܝܐ

Bajanat kome hašye

Gefüllte Auberginen

Hauptkomponente ist die Aubergine. Diese kann auch durch Paprika, Zucchini oder Pilze ersetzt werden.

Für 4 Portionen

Zubereitungszeit:
ca. 60 Min.

Zutaten:

4 Auberginen
100 ml Öl

Für die Füllung:
1 Zwiebel
1 rote Paprikaschote
2 Spitzpaprikaschoten
2 Tomaten
2 Knoblauchzehen
50 ml Olivenöl
400 g Hackfleisch
1 EL Tomatenmark
2 TL Salz
1 TL gemischter schwarzer, weißer und roter Pfeffer aus der Mühle
1 TL geschroteter Chili

Für die Soße:
1 EL Tomatenmark
1 TL Salz
1 TL geschroteter Chili
Reis zum Servieren

1. Auberginen waschen und putzen. Die Auberginen auf einer Seite bis zum Strunk hin mittig einschneiden, jedoch nicht durchschneiden.
2. Öl in eine Pfanne geben und die Auberginen von allen Seiten etwa 5–6 Minuten anbraten. Mit einer Gabel durch den Schlitz das Aubergineninnere eindrücken, sodass ein Hohlraum in der Mitte der Aubergine entsteht.
3. Zwiebel abziehen, Paprika, Spitzpaprika und Tomaten waschen. Alles in feine Würfel schneiden. Knoblauch abziehen und fein hacken.
4. Olivenöl in einer Pfanne erhitzen und Hackfleisch darin krümelig anbraten. Gemüsewürfel, Knoblauch und Tomatenmark hinzugeben und kurz mit anbraten. Mit Salz, Pfeffer und Chili abschmecken.
5. Auberginen mit der Masse füllen und in eine Auflaufform geben.
6. Den Backofen auf 220 °C Ober-/Unterhitze (200 °C Umluft) vorheizen.
7. Für die Soße in einem kleinen Topf 250 ml Wasser und Tomatenmark kurz aufkochen und mit Salz und Chili abschmecken. Soße über die gefüllten Auberginen gießen und im Ofen ca. 40 Minuten backen.
8. Mit gekochtem Reis servieren.

افْرَجا

Apraxe
Gefüllte Weinblätter mit Hackfleisch

Eines der bekanntesten Gerichte aus der orientalischen Küche.

Für 4 Portionen

Zubereitungszeit:
ca. 120 Min. + evtl. 5 Stunden Einlegezeit

Zutaten:

300 g frische Weinblätter (alternativ: eingelegte Weinblätter)

Für die Füllung:
100 ml Olivenöl
400 g Hackfleisch
1 Tomate
3 Knoblauchzehen
400 g Reis
3 EL Tomatenmark
1 kleines Bund Petersilie
1 kleines Bund Minze
2 TL Salz
1 TL gemischter schwarzer, weißer und roter Pfeffer aus der Mühle
2 TL geschroteter Chili (alternativ: Paprika, edelsüß)

1. Frische Weinblätter mit kochendem Wasser übergießen. Etwa 20 Minuten ruhen lassen. Eingelegte Weinblätter ca. 5 Stunden in Wasser einlegen.
2. Olivenöl in einer Pfanne erhitzen und Hackfleisch darin krümelig anbraten.
3. Tomate waschen, Knoblauch abziehen und beides in feine Würfel schneiden. Zum Hackfleisch geben und kurz mit andünsten.
4. Reis in einem Sieb waschen und ausdrücken. Zusammen mit Tomatenmark zum Hackfleisch geben, unterrühren und die Herdplatte ausstellen.
5. Minze und Petersilie waschen, trocken schütteln, fein hacken und unter die Füllung heben. Die Füllung zuletzt mit Salz, Pfeffer und Chili abschmecken.
6. Jeweils 1 TL Füllung quer in die Mitte des Weinblattes geben, ca. 1 cm auf der rechten und linken Seite auslassen, diese Seiten nach innen klappen, die untere Seite des Weinblattes auf die Füllung klappen und das Weinblatt einrollen. Die gefüllten Weinblätter dicht aneinandergelegt in einen Topf schichten.
7. 450 ml Wasser über die gefüllten Weinblätter gießen und auf höchster Stufe zum Kochen bringen. Anschließend die Temperatur auf niedrige Stufe stellen, weitere 450 ml Wasser darübergießen und ca. 50 Minuten köcheln lassen. Die gefüllten Weinblätter in eine flache Schale kippen.

Für die Soße:
1 kleines Bund frischer Knoblauch (alternativ: 5 Knoblauchzehen)
3 EL Olivenöl
1 TL Gemüsebrühe

8. Für die Soße Knoblauch waschen, trocken schütteln und fein hacken. In einem Topf Olivenöl erhitzen und Knoblauch kurz darin andünsten. 100 ml Wasser und Gemüsebrühe dazugeben und kurz aufkochen. Die fertige Soße über die Apraxe gießen.

Tipps: Topfboden mit Schaschlik-Holzstäbchen auslegen, damit die gefüllten Weinblätter nicht am Boden festkleben.
Zu den Apraxe eignet sich hervorragend Joghurt. Diesen einfach in einem separaten Schälchen oder auf dem Teller mit servieren.

ܠܚܡܥܓܝܢܐ

Laḥmajune
Pizza nach aramäischer Art

Die orientalische Alternative zu Pizza.

Für 4 Portionen

Zubereitungszeit:
ca. 60 Min.

Zutaten:

Für den Belag:
1 Gemüsezwiebel
2 Tomaten
3 Spitzpaprikaschoten
2 Knoblauchzehen
1 Bund frische Petersilie
400 g Hackfleisch
2 EL Ajvar
5 EL Tomatenmark
2 TL Salz
1 TL geschroteter Chili
1 TL gemischter schwarzer, weißer und roter Pfeffer aus der Mühle
3 EL Olivenöl

Für den Teig:
500 g Mehl + etwas mehr für die Arbeitsfläche
1 TL Salz
½ Würfel Frischhefe
1 EL weiche Butter (alternativ: Margarine) + etwas mehr für das Backblech
300 ml lauwarmes Wasser
1 EL Öl

1. Zwiebel abziehen und in sehr feine Würfel schneiden. Tomaten und Paprika waschen und ebenfalls in sehr feine Würfel schneiden. Knoblauch abziehen, Petersilie waschen und trocken schütteln. Beides fein hacken.
2. Gemüse in eine große Schüssel geben, restliche Zutaten für den Belag dazugeben und alles miteinander vermengen.
3. Für den Teig in einer weiteren großen Schüssel Mehl und Salz vermengen und eine Mulde in der Mitte formen. Hefe und Butter in die Mulde geben, lauwarmes Wasser hinzugießen und die Zutaten zu einem Teig kneten. Zum Schluss das Öl hinzugeben und die Masse geschmeidig kneten.
4. Den Teig 15 Minuten ruhen lassen. Anschließend zu 12 kleinen Bällen formen. Teigbälle auf einer bemehlten Fläche mit einem Nudelholz in tellergroße Scheiben ausrollen. Ein Backblech mit etwas Butter einfetten und je 2 Laḥmajune auf das Blech legen.
5. Den Backofen auf 250 °C Ober-/Unterhitze (230 °C Umluft) vorheizen.
6. Den ausgerollten Teig mit je 2 EL Füllung belegen und diese mit einer Gabel verteilen. Die Laḥmajune 10–12 Minuten im Ofen backen.

Tipp: Die Laḥmajune können mit einem Salat kombiniert werden. Alternativ eignet sich auch Joghurt.

وُحًا

Dobo

Lammbraten

Ein Fleischgericht für besondere Festtage.

Für 6 Portionen

Zubereitungszeit:
ca. 3 Stunden + 8 Stunden Ziehzeit

Zutaten:

1 Lammschenkel (à 2–3 kg)
1 kleines Bund Petersilie
4 Knoblauchzehen
20 Pimentkörner
etwas Öl
2 TL Salz
2 TL geschroteter Chili

Für die Soße:
2 EL Tomatenmark
1 kleines Bund Rosmarin
2 TL gemischter schwarzer, roter und weißer Pfeffer aus der Mühle
1 EL Pimentkörner
4 Lorbeerblätter
Bulgur oder Reis zum Servieren

1. Lammschenkel waschen und in einem Sieb abtropfen lassen. Mit einem Messer einige Schlitze in den Schenkel schneiden.
2. Petersilie waschen, trocken schütteln und hacken. Knoblauch abziehen. Petersilie und Pimentkörner miteinander vermischen und in die Schlitze des Lammschenkels stopfen. Je eine Knoblauchzehe dazu stecken. Anschließend den Schenkel mit Öl beträufeln und mit Salz und Chili würzen. Schenkel etwa 8 Stunden oder über Nacht im Kühlschrank ziehen lassen.
3. Etwas Öl in einer Pfanne erhitzen und den Schenkel von allen Seiten anbraten. Anschließend den Schenkel in einen Bräter geben.
4. Für die Soße in einem Topf 1½ l Wasser und Tomatenmark kurz aufkochen. Rosmarin waschen, trocken schütteln und zusammen mit Pfeffer, Pimentkörnern und Lorbeerblättern dazugeben und über den Schenkel gießen.
5. Den Backofen auf 200 °C Ober-/Unterhitze (180 °C Umluft) vorheizen. Den Schenkel 2½–3 Stunden im Ofen backen.
6. Mit gekochtem Reis servieren.

ܟܘܬܠܐ

Kutle
Gefüllte Bulgurtaschen mit Hackfleisch

Die Königsspeise der aramäischen Küche.

Für 4 Portionen

Zubereitungszeit:
ca. 70 Min. + 2 Stunden Ruhezeit

Zutaten:

Für den Teig:
200 g feiner Bulgur
200 g feiner Garso
1 EL Salz

Für die Füllung:
500 g Hackfleisch
3 EL Butter (alternativ: Margarine), Menge geteilt
2 TL Salz, Menge geteilt
1 Ei
3 Zwiebeln
1 TL Paprika, edelsüß
1 TL geschroteter Chili
1 TL gemischter schwarzer, weißer und roter Pfeffer aus der Mühle
1 TL getr. Minze

1. Für den Teig beide Bulgursorten vermengen, waschen und mit lauwarmem Wasser bedecken. Die Mischung 10 Minuten ziehen lassen. Gut ausdrücken, mit Salz vermengen und 1½–2 Stunden ruhen lassen.
2. Bulgur-Garso-Masse ca. 8 Minuten kneten bzw. so lange, bis ein geschmeidiger und fester Teig entsteht. Aus der Masse 18–20 Bällchen formen.
3. Für die Füllung das Hackfleisch mit 1 EL Butter krümelig anbraten und mit 1 TL Salz vermengen.
4. Währenddessen das Ei in einer kleinen Pfanne aufschlagen und in der restlichen Butter anbraten.
5. Zwiebeln abziehen und in feine Würfel schneiden, zum Ei geben und mit 1 TL Salz und Paprika vermengen.
6. Die Zwiebel-Ei-Masse zum Hackfleisch geben, alles miteinander vermengen und die Herdplatte ausschalten. Zum Schluss die Füllung mit Chili, Pfeffermix, Minze und Petersilie abschmecken.
7. In einem großen Topf 2 l Wasser und 1 TL Salz zum Kochen bringen. Darauf achten, die Kutle 5–7 Minuten bei mittlerer Temperatur zu kochen. Sie sind dann gar, wenn sie an der Oberfläche schwimmen.

Tipp: Je nach Belieben können die fertigen Kutle noch in Rührei eingetaucht und dann in etwas Butter angebraten werden. Die Kutle können auch mit Joghurt und Salat serviert werden. Als Getränk passt Rotwein gut zu den Kutle. Wer keinen Alkohol mag, trinkt dazu Dawġe (Seite 203).

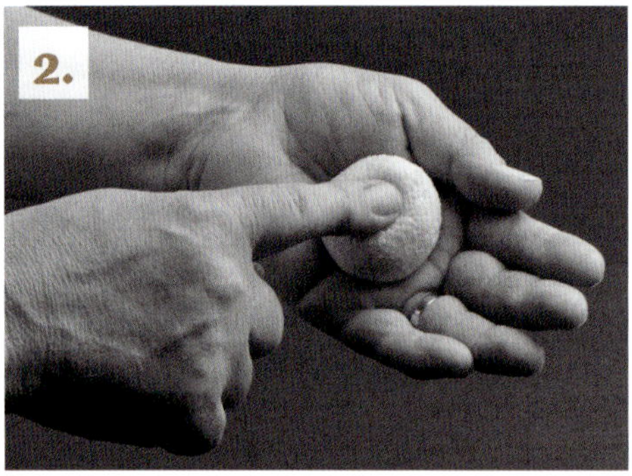

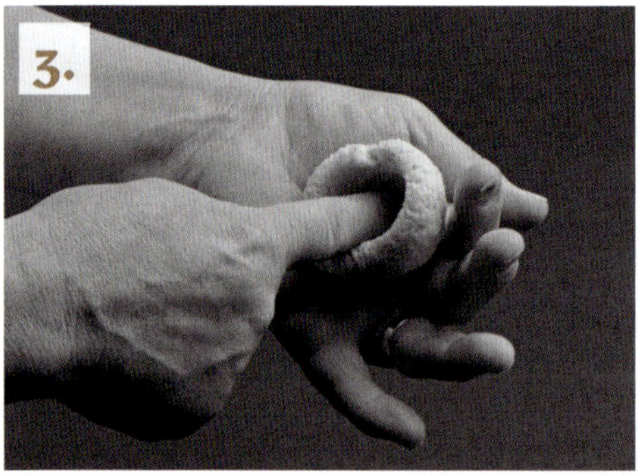

Für das Füllen und Kochen der Kutle:

1 Schüssel mit Wasser für das Anfeuchten der Hände
2 l Wasser
1 TL Salz

1. Einen Teller mit Bulgurbällchen, einen mit der Füllung und eine Schüssel mit Wasser bereitstellen. Hände mit etwas Wasser anfeuchten.
2. Ein Bulgurbällchen in die eine Hand nehmen und mit den Fingern umschließen. Darauf achten, dass die Fingerkuppen senkrecht nach oben schauen, um das Bällchen nicht zu zerdrücken.
3. Mit dem Zeigefinger der anderen Hand eine Mulde in das Bällchen einarbeiten.
4. Die Mulde unter Drehen immer weiter vergrößern, bis sie offen genug ist. Darauf achten, dass sich keine Löcher im Teig bilden.
5. Die Mulde mit 1 ½–2 EL Füllung ausfüllen.

Für das Formen der Kutle gibt es zwei Möglichkeiten.

Variante 1: Dreieck (leicht)

Öffnung des Kutlos zusammendrücken, sodass dieser komplett verschlossen ist.

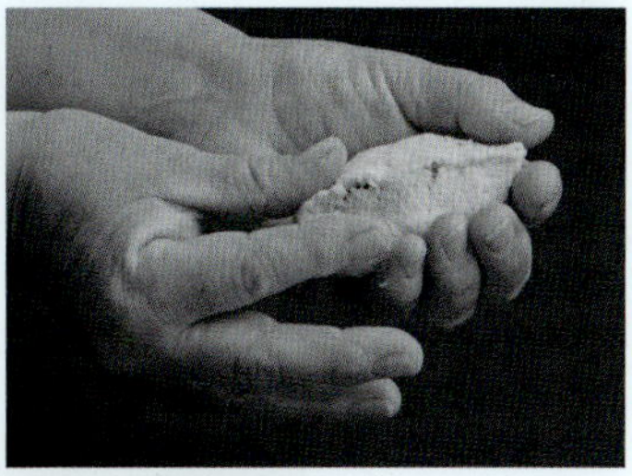

Variante 2: Pyramide (anspruchsvoll)

Den Kutlo in der Handfläche drehen und die Füllung mit dem Teig umschließen.

Den Kutlo so lange in der flachen Handfläche drehen, bis die Öffnung komplett verschlossen ist und eine glatte Oberfläche entsteht.

Der Kutlo erhält dabei einen geraden Boden.

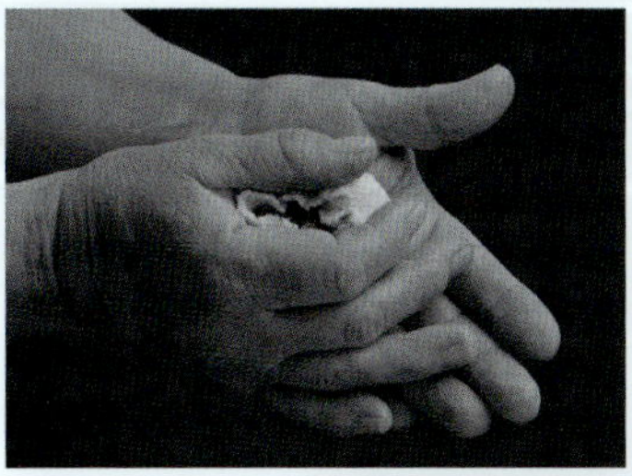

ܓܘܠܠܟܬ ܕܝ ܩܝܡܐ

Gullokat di qima

Hackbällchen mit Bulgur

Auch kalt schmecken die Hackbällchen sehr gut.

Für 4–6 Portionen

Zubereitungszeit:
ca. 30 Min.

Zutaten:

50 g feiner Bulgur
1 Zwiebel
1 Knoblauchzehe
½ rote Paprikaschote
1 kleines Bund Petersilie
600 g Hackfleisch
1 Ei
1 EL Ajvar
1½ TL Salz
1 TL gemischter schwarzer, weißer und roter Pfeffer aus der Mühle
1 TL Chili
1 TL Paprika, edelsüß
1 TL getr. Minze (alternativ: 4–5 Blätter frische Minze)
Öl zum Braten

1. Bulgur in einem Sieb mit Wasser ausspülen, abtropfen lassen und in eine große Schüssel geben.
2. Zwiebel und Knoblauch abziehen, Paprikaschote waschen, Petersilie waschen und trocken schütteln. Alles sehr fein hacken oder mit einer Küchenmaschine raspeln und zum Bulgur geben.
3. Anschließend die restlichen Zutaten in die Schüssel geben und alles zu einer festen Masse kneten. Masse ca. 10 Minuten ruhen lassen.
4. Hackfleischmasse zu walnussgroßen Bällen formen. Anschließend die Bälle in reichlich Öl zunächst bei höchster, anschließend bei mittlerer Stufe von allen Seiten goldbraun braten.

Tipp: Die Hackbällchen kann man wahlweise mit Joghurtdip (Seite 196) oder Salat servieren. Mit Sesam dekorativ bestreuen.

ܓܕܝܬܐ ܚܫܝܬܐ

Gḏayto ḥšiṯo

Gefülltes Hähnchen mit Bulgur und Leber

Ein Festmahl.

Für 4 Portionen

Zubereitungszeit:
ca. 120 Min.

Zutaten:

1 Hähnchen
1 kleines Bund gehackte Petersilie
2 EL Butter (alternativ: Margarine), Menge geteilt
100 g grober Bulgur
Etwa 10 Pimentkörner
270 ml Wasser
½ TL Salz
100 g Hähnchenleber
100 g Hähnchenherzen
½ TL geschroteter Chili
½ TL gemischter schwarzer und weißer Pfeffer aus der Mühle
1 TL getr. Minze
Etwas Olivenöl
Hähnchenwürzsalz

1. Hähnchen waschen und innen und außen salzen. Petersilie waschen, trocken schütteln und fein hacken.
2. 1 EL Butter in einem Topf schmelzen lassen, Bulgur, Pimentkörner, 270 ml Wasser und Salz dazugeben. Alles auf mittlerer Stufe köcheln lassen, bis der Bulgur das Wasser aufgesogen hat.
3. Leber und Herzen im Ganzen ca. 5 Minuten in Wasser kochen, bis sie eine feste Konsistenz erhalten. In einem Sieb abgießen, mit kaltem Wasser abschrecken und in kleine Würfel schneiden.
4. Leber und Herzen in 1 EL Butter etwa 10 Minuten anbraten und mit Chili, Pfeffer, Petersilie, Minze und etwas Salz abschmecken.
5. Den fertigen Bulgur mit der Leber und den Herzen vermengen. Das Hähnchen mit der Bulgurmasse füllen. Füllung dabei fest in das Hähnchen drücken, sodass die gesamte Füllung in das Hähnchen passt. Die Öffnung des Hähnchens mit Nadel und Faden grob zunähen.
6. Den Backofen auf 220 °C Ober-/Unterhitze (200 °C Umluft) vorheizen.
7. Das gefüllte Hähnchen mit Olivenöl einölen und mit etwas Hähnchenwürzsalz und Chili bestreuen. Das Hähnchen 80–90 Minuten im Ofen backen.

Tipp: Dazu passt Salat nach Wahl, etwa Hirtensalat (Seite 24) oder Frühlingssalat (Seite 22).

ܫܡܒܘܪܟܬ

Šamborakat

Gefüllte Teigtaschen mit Hackfleisch

Anspruchsvoll, aber ausgesprochen gut.

Für 4–6 Portionen

Zubereitungszeit:
ca. 70 Min.

Zutaten:

Für die Füllung:
3 Zwiebeln
1 kleines Bund Petersilie
500 g Hackfleisch
3 EL Butter (alternativ: Margarine), Menge geteilt
1 Ei
1 TL Salz
1 TL gemischter schwarzer, weißer und roter Pfeffer
1 TL geschroteter Chili
1 TL Paprika, edelsüß

Für den Teig:
500 g Mehl
½ TL Salz
¼ Würfel Frischhefe (alternativ: 1 Päckchen Trockenhefe)
1 EL weiche Butter (alternativ: Margarine)
300 ml lauwarmes Wasser
1 EL Öl + etwas mehr zum Braten

1. Für die Füllung Zwiebeln abziehen und in feine Würfel schneiden. Petersilie waschen, trocken schütteln und fein hacken.
2. Hackfleisch in einer Pfanne mit 1 EL Butter anbraten, salzen. Auf einen Teller geben.
3. Das Ei in einer kleinen Schüssel verrühren und in einer Pfanne in der restlichen Butter anbraten. Zwiebeln dazugeben und glasig andünsten. Die Mischung zum Hackfleisch geben, Salz, Pfeffer, Chili und Paprika dazugeben und alles miteinander vermengen. Petersilie unter die Füllung heben. Hackfleischfüllung erkalten lassen.
4. Für den Teig in einer großen Schüssel Mehl und Salz vermengen und eine Mulde in der Mitte formen. Hefe, Butter und Wasser zum Mehl geben und die Zutaten zu einem Teig verkneten. Falls der Teig zu trocken ist, etwas Wasser hinzugeben. Teig so lange kneten, bis eine geschmeidige Masse entsteht. Sobald der Teig fertig geknetet ist, Öl dazugeben und den Teig mit dem Öl geschmeidig kneten. Teig etwa 10 Minuten ruhen lassen.
5. Aus dem Teig 18–20 Kugeln formen. Die Teigkugeln kreisförmig, etwa kuchentellergroß ausrollen. Die Teigplatten zur Hälfte mit je 1½ EL Füllung belegen. Die nicht belegte Hälfte des Teiges auf die belegte Hälfte klappen, sodass der Teig bündig übereinander liegt und ein Halbmond entsteht. Die Ränder fest andrücken.
6. Reichlich Öl in einer Pfanne erhitzen und die Šamborakat von beiden Seiten goldbraun braten.

Tipps: Die Šamborakat können auch mit etwas Butter oder Margarine in einer Pizzapfanne gebraten werden.
Dazu passt Joghurt oder Salat.

ܡܠܕܘܡ

Maldum
Gemüseauflauf mit Hackfleisch

Eine ausgewogene Kombination aus Fleisch, Gemüse und Kartoffeln.

Für 4 Portionen

Zubereitungszeit:
ca. 70 Min.

Zutaten:
1 rote Paprikaschote
1 grüne Spitzpaprikaschote
1 Zwiebel
2 Knoblauchzehen
500 g Hackfleisch
2 TL Salz, Menge geteilt
1 TL Pfeffer
2 TL geschroteter Chili, Menge geteilt
1 Aubergine
1 Zucchini
2 Tomaten
2 Kartoffeln
50 ml Olivenöl, Menge geteilt
1 TL Paprika, edelsüß

Für die Soße:
2 EL Tomatenmark
1 TL Pfeffer
½ TL Salz
1 TL geschroteter Chili

1. Paprika und Spitzpaprika waschen, Zwiebel und Knoblauch abziehen. Alles in feine Würfel schneiden und in eine große Schüssel geben. Hackfleisch dazugeben und mit je 1 TL Salz, Pfeffer und Chili vermengen.
2. Aubergine, Zucchini und Tomaten waschen. Das Gemüse in ca. 1 cm große Scheiben schneiden. Je 1 TL Salz und Paprika vermischen und über das Gemüse streuen. Anschließend etwas Olivenöl darüber träufeln.
3. Kartoffeln schälen und waschen. Etwas Olivenöl in einer Pfanne erhitzen und die Kartoffeln darin kurz anbraten.
4. Je eine Scheibe Gemüse mit etwas Hackfleisch belegen, hochkant in eine Auflaufform stellen und im Wechsel aufreihen.
5. Den Backofen auf 250 °C Ober-/Unterhitze (230 °C Umluft) vorheizen.
6. Für die Soße in einer kleinen Schüssel 200 ml Wasser, Tomatenmark, Salz und Chili zu einer Soße verrühren und über den Auflauf gießen.
7. Gemüseauflauf ca. 45 Minuten im Ofen backen.

Tipp: Dazu passt Reis sehr gut.

ܕܘܠܡܐ

Dolma
Gefülltes Gemüse mit Hackfleisch

Ein nahrhaftes und hervorragendes Gericht.

Für 4–6 Portionen

Zubereitungszeit:
ca. 90 Min.

Zutaten:

200 g Hackfleisch
etwas Öl
1 Tomate
½ rote Paprikaschote
4 Knoblauchzehen
200 g Reis
100 g Tomatenmark, Menge geteilt
2 TL Salz, Menge geteilt
½ TL geschroteter Chili
1 TL gemischter schwarzer, weißer und roter Pfeffer aus der Mühle
3 Auberginen
4 helle Spitzpaprikaschoten
1 Zucchini

1. Für die Füllung Hackfleisch in etwas Öl krümelig anbraten.
2. Tomate und Paprikaschote waschen und klein schneiden. Knoblauch abziehen und fein hacken. Gemüse zum angebratenen Hackfleisch dazugeben. Reis und die Hälfte vom Tomatenmark ebenfalls unterheben und die Masse mit 1 TL Salz sowie Chili und Pfeffer vermengen.
3. Auberginen und Zucchini waschen und aushöhlen. Die ausgehöhlten Reste beiseitestellen. Paprikaschote waschen, aushöhlen, Strunk entsorgen. Das ausgehöhlte Gemüse in große Stücke schneiden und mit der Hackfleischmasse füllen. Zusammen mit den ausgehöhlten Resten in einen Bräter geben.
4. 250 ml Wasser, das restliche Tomatenmark und 1 TL Salz kurz aufkochen und über das gefüllte Gemüse gießen.
5. Den Backofen auf 250 °C Ober-/Unterhitze (230 °C Umluft) vorheizen.
6. Deckel auf den Bräter setzen und das Gemüse im Ofen ca. 30 Minuten garen. Anschließend die Temperatur auf 200 °C Ober-/Unterhitze (180 °C Umluft) stellen und das Gemüse weitere 45 Minuten backen.

ܚܫ̈ܝܬ

Ḥěšayat
Aramäische Hausmacher-Würstchen mit Bulgur und Hackfleisch

Eine sehr alte und traditionelle Speise.

Für 4–6 Portionen

Zubereitungszeit:
ca. 60 Min.

Garzeit: 120 Min. +
8 Stunden Einlegezeit

Zutaten:

12 in Salzlake eingelegte Rinderdärme (20–30 cm)
100 g Butter (alternativ: Margarine)
400 g Hackfleisch
300 g Bulgur
3 TL Salz, Menge geteilt
1 Knoblauchzehe
1 TL Pfeffer
1 TL geschroteter Chili
½ TL Paprika, edelsüß
1 TL getr. Minze
1 TL getr. Petersilie
4 Lorbeerblätter
10 Pimentkörner

Hilfsmittel:

Trichter (zum Füllen)

1. Die Därme 8 Stunden oder über Nacht in kaltes Salzwasser legen. Anschließend von beiden Seiten gründlich waschen und in einem Sieb abtropfen lassen.
2. Butter in einer großen Pfanne erhitzen und das Hackfleisch darin krümelig anbraten und mit 1 TL Salz abschmecken.
3. Bulgur waschen und abtropfen lassen. Zum Hackfleisch geben und kurz mit anbraten.
4. Knoblauch abziehen, hacken, ebenfalls zum Hackfleisch geben und mit 1 TL Salz sowie Pfeffer, Chili, Paprika, Minze und Petersilie vermengen. Kurz weiterbraten und anschließend die Herdplatte ausstellen. Die Füllung 10–15 Minuten erkalten lassen.
5. Einen Darm in die Hand nehmen, einen Trichter mit einer etwas größeren Öffnung in die Öffnung stecken und den Darm mit der Hackfleischmasse füllen. Mit den restlichen Därmen ebenso verfahren. Die Füllung dabei nach und nach in den Darm füllen und gleichmäßig verteilen, sodass sie für die 12 Därme ausreicht.
6. 2 l Wasser in einem großen Topf zum Kochen bringen. Restliches Salz, Lorbeerblätter und Pimentkörner dazugeben. Die 12 Därme in den Topf geben. Zunächst 30 Minuten auf höchster Stufe kochen. Danach ca. 1½ Stunden auf mittlerer Stufe köcheln lassen.

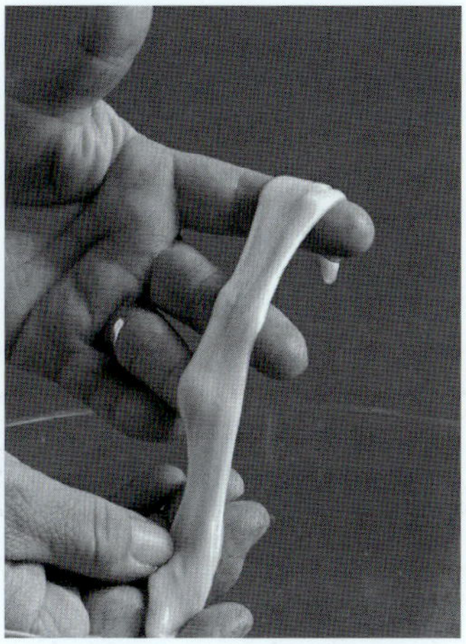

ܟܙܒܐ

Kazabbe

Gebratene Leber

Für den Feinschmecker.

Für 4 Portionen

Zubereitungszeit:
ca. 30 Min.

Zutaten:

500 g Rinder-/Lammleber
2 EL Butter (alternativ: Margarine)
1½ TL Salz
1 rote Zwiebel
3 Knoblauchzehen (alternativ: 1 kleines Bund frischer Knoblauch)
1 kleines Bund Petersilie
½ TL gemischter weißer und schwarzer Pfeffer aus der Mühle
1 TL geschroteter Chili (alternativ: Paprika, edelsüß)
Rĕšta (Seite 90), Reis oder Bulgur zum Servieren

1. Leber vierteln, in einen Topf geben, mit Wasser überdecken und ca. 15 Minuten kochen. Anschließend in ein Sieb gießen, waschen und in kleine Würfel schneiden.
2. Den Topf auswischen, Butter hineingeben und erhitzen und die Leber bei mittlerer Stufe kurz anbraten und mit Salz abschmecken. 100 ml Wasser hinzugeben und bei geschlossenem Deckel köcheln lassen, bis das Wasser aufgesogen ist.
3. Zwiebel abziehen und in Streifen schneiden. Knoblauch abziehen und hacken. Petersilie waschen und trockenschütteln und ebenfalls hacken. Zwiebeln, Knoblauch, Pfeffer und Chili zur Leber geben und kurz andünsten. Die Herdplatte ausstellen. Zuletzt die Petersilie unterheben.

ܫܡܒܘܪܟܬ ܡܠܝܦܐ

Šamborakat malife

Gefüllte Teigschnecke mit Hackfleisch

Auch mit Käse ein Gaumenschmaus.

Für 4–6 Portionen

Zubereitungszeit:
ca. 90 Min.

Zutaten:

Für die Füllung:
600 g Hackfleisch
1 EL Butter (alternativ: Margarine)
1 TL Salz
1 Ei
3 Zwiebeln
1 TL gemischter schwarzer, roter und weißer Pfeffer aus der Mühle
1 TL geschroteter Chili
1 TL Paprika, edelsüß
1 kleines Bund Petersilie

Für den Teig:
550 g Mehl
½ TL Salz
½ Würfel Frischhefe
1 EL weiche Butter (alternativ: Margarine)
2 Eier, Menge geteilt
300 ml lauwarmes Wasser
1 EL Öl

1. Für die Füllung in einer großen Pfanne die Butter erhitzen und das Hackfleisch darin anbraten. Salz dazugeben.
2. Das Ei verrühren und in einer kleinen Pfanne ebenfalls in etwas Butter anbraten. Zwiebeln abziehen, in feine Würfel schneiden, zum Ei geben und glasig andünsten.
3. Das Ei zum angebratenen Hackfleisch geben, Pfeffer, Chili und Paprika dazugeben, alles miteinander vermengen und die Herdplatte abstellen. Petersilie waschen, trocken schütteln, klein hacken und unterheben. Hackfleischfüllung erkalten lassen.
4. Für den Teig in einer großen Schüssel Mehl und Salz vermengen und eine Mulde in der Mitte formen. Hefe, Butter, 1 Ei und Wasser in die Mulde geben und die Zutaten zu einem geschmeidigen Teig verkneten. Sobald der Teig fertig geknetet ist, Öl dazugeben und den Teig mit dem Öl geschmeidig kneten.
5. Den Teig zu 16 Bällen formen und ca. 15 Minuten gehen lassen. Die Teigbälle auf einer bemehlten Fläche dünn ausrollen, mit 2 EL Hackfleischfüllung belegen und einrollen.
6. Die gerollten Šamborakat entweder nebeneinander auf ein gefettetes Backblech legen. Oder, um später eine schöne Schneckenform zu erhalten, die gerollten Šamborakat in Form einer Schnecke auf dem Backblech auslegen. Dazu in der Mitte anfangen.
7. Den Backofen auf 250 °C Ober-/Unterhitze (230 °C Umluft) vorheizen.

8. Das verbliebene Ei in einer kleinen Schüssel aufschlagen und verquirlen. Šamborakat mit dem Ei bestreichen und anschließend 35–40 Minuten backen.

Tipp: Alternativ kann die Schnecke statt Fleisch auch mit 500g geriebenem Käse (Schafskäse oder Gouda) gefüllt werden. Dazu passt Salat oder Joghurt.

ܟܒܒܗ

Kibbe
Gebratene Bulgurtaschen mit Hackfleisch

Durch das Anbraten in der Pfanne werden diese Bulgurtaschen wunderbar aromatisch.

Für 4 Portionen

Zubereitungszeit:
ca. 70 Min. + 2 Stunden Ruhezeit

Zutaten:

Für den Teig:
500 g feiner Bulgur
500 g Hackfleisch
2 Eier
1 EL Paprikamark
1 TL Salz
Paprikapulver

Für die Füllung:
1 EL Butter (alternativ: Margarine)
500 g Hackfleisch
3 Zwiebeln
1 Bund Petersilie
1 TL Salz
½ TL Pfeffer
½ TL Chili
Öl zum Braten

1. Für den Teig Bulgur mit heißem Wasser waschen, abgießen, gut ausdrücken und 1½–2 Stunden ruhen lassen.
2. In der Zwischenzeit für die Füllung in einer großen Pfanne Butter erhitzen, Hackfleisch hinzugeben und anbraten. Zwiebeln abziehen, Petersilie waschen und trocken schütteln. Beides fein hacken und zum Hackfleisch geben, mit Salz, Pfeffer und Chili abschmecken.
3. Bulgur, Hackfleisch, Eier, Paprikamark, Salz und Paprikapulver zu einem festen Teig verkneten.
4. Den Teig formen (Seite 108) und mit der Füllung befüllen.
5. Die fertigen Kibbe in reichlich Öl anbraten.

Tipp: Dazu schmeckt Joghurt oder ein Salat.

ܒܣܪܐ ܫܠܝܩܐ

Basro šliqo

Gekochtes Lammfleisch

Sehr saftig und zart.

Für 4–6 Portionen

**Zubereitungszeit:
ca. 130 Min.**

Zutaten:

2 kg Lammfleisch
1½ EL Salz
1 EL Butter (alternativ: Margarine)
Pimentkörner
Lorbeerblätter

1. Fleisch gründlich waschen, abtropfen lassen und anschließend salzen.
2. Butter in einem großen Topf erhitzen und das Fleisch darin anbraten. Pimentkörner und Lorbeerblätter hinzugeben.
3. Deckel auf den Topf setzen, Temperatur auf mittlere Stufe stellen, ca. 1 Stunde köcheln lassen, bis das Fleisch Eigensaft abgibt und diesen wieder aufnimmt. 2 Gläser Wasser hinzufügen, nochmals 1 Stunde köcheln lassen.

ܩܠܝܐ

Qaliyo

Kochfleisch

Fleisch war früher ein sehr kostbares und seltenes Nahrungsmittel. Es wurde lange gekocht, um es haltbar zu machen und dann in kleinen Mengen in unterschiedlichen Speisen zu verarbeiten. Heute ist es das i-Tüpfelchen in den verschiedensten Gerichten.

Für 10–12 Portionen

Zubereitungszeit:
ca. 3 Stunden + 8 Stunden Einlegezeit

Zutaten:

5 kg Rindernacken (ohne Knochen)
250 g Salz
1 kg Rinderfett (alternativ: 1 kg Margarine)

1. Fleisch in etwa 7 cm große Würfel schneiden, gründlich waschen, abtropfen lassen, salzen und für 8 Stunden oder über Nacht in den Kühlschrank stellen.
2. Rinderfett bei mittlerer Hitze im Topf schmelzen lassen, Fleisch hinzugeben, für ca. 3 Stunden garen und dabei immer wieder wenden. Je weniger Flüssigkeit vorhanden ist, desto niedriger wird die Temperatur gestellt. Das übrig gebliebene Fett muss am Ende ganz klar sein und das Fleisch eine rötliche Farbe haben.

Tipp: Das gekochte Rindfleisch kann hervorragend in One-Pot-Gerichte integriert werden oder als Ersatz für Hackfleisch verwendet werden, zum Beispiel in Kutle oder Schamborakat.

ܡܘܟܠܢ̈ܐ ܚܠܝ̈ܐ ܘܡܒܫܠ̈ܐ

MUKLONE ḤALYE U MBAŠLE

SÜSSES UND GEBACKENES

Diese aramäischen Köstlichkeiten wurden und werden heute noch gern zu festlichen Anlässen zubereitet. Doch eigentlich lassen sich diese Speisen jeden Tag genüsslich verzehren.

ܩܪ̈ܝܡܘܬܐ ܥܡ ܒܝ̈ܥܐ

Qrimote cam bece

Süße Hefebrötchen mit Ei

Mit Weintraubensirup beträufelt besonders schmackhaft.

Für 15 Stück

Zubereitungszeit:
ca. 40 Min.

Zutaten:

500 g Mehl
50 g Zucker
1 Päckchen Vanillezucker
1 Prise Salz
1 Würfel Frischhefe
30 g weiche Butter
(alternativ: Margarine)
200 ml lauwarme Milch
1 EL Margarine
500 ml Öl
1 EL Öl
Öl zum Frittieren
Puderzucker oder
Weintraubensirup
zum Servieren

1. In einer großen Schüssel Mehl, Zucker, Vanillezucker und Salz vermengen und eine Mulde in der Mitte formen. Hefe, Butter, Eier und lauwarme Milch in die Mulde geben und die Zutaten zu einem geschmeidigen Teig kneten. Zuletzt den Teig mit 1 EL Öl geschmeidig kneten.
2. Eine Arbeitsplatte mit etwas Öl einfetten. Den Teig zu 15 Bällen formen. Die Bälle zum Anbraten auf der Arbeitsplatte platt drücken und ein Loch in der Mitte formen. Die Hefebrötchen weitere 15–20 Minuten ruhen lassen.
3. In einem Topf reichlich Öl erhitzen, dabei so viel Öl verwenden, dass die Brötchen darin schwimmen. Die Hefebrötchen in dem heißen Öl von beiden Seiten goldgelb frittieren.
4. Hefebrötchen je nach Bedarf mit Puderzucker oder Weintraubensirup servieren. Dafür entweder den Sirup direkt auf die Hefebrötchen gießen oder in einer kleinen Schale zum Dippen reichen.

ܩܪܝܡܘܬܐ

Qrimote

Süße Hefebrötchen

Die vegane Variante.

Für 15 Stück

Zubereitungszeit:
ca. 50 Min.

Zutaten:

500 g Mehl
50 g Zucker
1 Päckchen Vanillezucker
1 Prise Salz
1 Würfel Frischhefe
30 g Margarine
250 ml lauwarmes Wasser
1 EL Öl
Öl zum Frittieren
Puderzucker oder Weintraubensirup zum Servieren

1. In einer Schüssel Mehl, Zucker, Vanillezucker und Salz vermengen und eine Mulde in der Mitte formen. Hefe, Margarine und lauwarmes Wasser in die Mulde geben und die Zutaten zu einem geschmeidigen Teig kneten. Zuletzt 1 EL Öl hinzugeben und den Teig geschmeidig kneten. Den Teig ca. 10 Minuten ruhen lassen.
2. Eine Arbeitsplatte mit etwas Öl einfetten. Den Teig zu 15 Bällen formen. Die Bälle zum Anbraten auf der Arbeitsplatte etwas andrücken und ein Loch in der Mitte formen. Die Hefebrötchen weitere 15–20 Minuten ruhen lassen.
3. In einem Topf reichlich Öl erhitzen, dabei so viel Öl verwenden, dass die Brötchen darin schwimmen. Die Hefebrötchen in dem heißen Öl von beiden Seiten goldgelb frittieren.
4. Hefebrötchen je nach Bedarf mit Puderzucker oder Weintraubensirup servieren. Dafür entweder den Sirup direkt auf die Hefebrötchen gießen oder in einer kleinen Schale zum Dippen reichen.

ܕܫܫܬܐ

Dašěšto

Milchreis nach aramäischer Art

Eine traditionelle Speise am Ostersonntag. Das Besondere an diesem Gericht ist, dass kein klassischer Milchreis, sondern Rundkornreis verwendet wird.

Für 4–6 Portionen

Zubereitungszeit:
ca. 40 Min.

Zutaten:

2 l Frischmilch (mind. 3,5 % Fett)
100 g Zucker
200 g Rundkornreis
1 Prise Salz
Zimtzucker zum Servieren nach Bedarf

1. Milch und Zucker in einem Topf zum Kochen bringen. In der Zwischenzeit Reis gründlich waschen und zusammen mit einer Prise Salz zur kochenden Milch geben.
2. Milchreis auf niedriger Stufe ca. 30 Minuten köcheln lassen.
3. Je nach Belieben Milchreis entweder warm oder kalt mit einer Prise Zimt und Zucker verzehren.

Tipp: Der Milchreis schmeckt auch kalt sehr gut. Hierfür den fertig gekochten Milchreis in kleine Schälchen füllen und mindestens 3 Stunden lang ruhen lassen. Anschließend die Schälchen im Kühlschrank abkühlen lassen. Der gekühlte Milchreis hält sich im Kühlschrank etwa 3 Tage.

ܦܘܟܝܢܐ

Poxine

Traubensirup-Paste aus Nüssen, Weizen und Kichererbsen

Poxine wird besonders gerne zur großen Fastenzeit zubereitet.

Für 6–8 Portionen

Zubereitungszeit:
ca. 40 Min.

Zutaten:

800 ml Wasser
600 ml Weintraubensirup
1 Msp. Zimt
50 g gem. Mais
50 g gem. Mandeln
100 g gem. Weizen/Grieß
100 g gem. Sesam
100 g geröstete gem. Kichererbsen
100 g gem. Walnüsse
Ofenfrisches Fladenbrot oder Pita zum Servieren

1. Wasser, Weintraubensirup und Zimt in einem Topf verrühren und aufkochen.
2. Die restlichen Zutaten dazugeben und mit einem Schneebesen gut verrühren. Herdplatte auf niedrige Stufe schalten und die Zutaten immer wieder miteinander verrühren, bis eine geschmeidige Masse entsteht.
3. Nach ca. 10 Minuten die Herdplatte ausstellen und die Poxine abkühlen lassen.
4. Mit ofenfrischem Fladenbrot oder Pita servieren.

Tipp: Wenn die Zutaten noch nicht gemahlen sind, Mais, Mandeln, Weizen, Sesam, Kichererbsen und Walnüsse vorab nacheinander in einer Pfanne rösten, dann einzeln mahlen.

ܟܠܝܚܐ

Kliča

Aramäisches Zopfgebäck

Das traditionellste Gebäck, das es in der aramäischen Küche gibt.

Für ca. 40–50 Stück

Zubereitungszeit:
ca. 50 Min. + 4 Stunden Ruhezeit (maximal 24 Stunden)

Zutaten:

4 EL Sesam
1 kg Mehl
1 Päckchen Backpulver
400 g Zucker
2 Päckchen Vanillezucker
1 Prise Salz
½ TL Anis
½ TL Nelken
½ TL Zimt
½ TL Lebkuchengewürz
1 Würfel Frischhefe
4 Eier, Menge geteilt
500 g weiche Butter

1. Sesam in einer Pfanne ohne Zugabe von Öl goldbraun rösten und kurz abkühlen lassen.
2. In einer großen Schüssel Mehl, Backpulver, Zucker, Vanillezucker, Salz, Sesam, Anis, Nelken, Zimt und Lebkuchengewürz vermengen. Hefe, 3 Eier und Butter hinzugeben und alle Zutaten zu einem festen Teig kneten.
3. Den Teig mindestens 4 Stunden und maximal 24 Stunden ruhen lassen.
4. Ein Backblech mit Backpapier auslegen. Den Teig in fingerdicke, etwa 6 cm lange Stränge teilen und jeweils drei Stränge zu einem Zopf flechten. Alternativ nach Belieben ausrollen und ausstechen. Auf das Backblech geben. Etwas Platz lassen, da der Teig noch aufgeht.
5. Den Backofen auf 200 °C Ober-/Unterhitze (180 °C Umluft) vorheizen.
6. 1 Ei verrühren und die Zöpfe mit dem verrührten Ei bestreichen. Im Ofen ca. 20 Minuten goldbraun backen.

Tipp: Das Zopfgebäck hält sich in einer Dose gut verschlossen etwa 3 Monate.

ܩܳܕܳܝܶܦ

Qadayif

Teigfädengebäck mit Walnüssen und Pistazien

Auch mit Mozzarella gebacken eine Köstlichkeit.

Für ca. 12 Stück

Zubereitungszeit:
ca. 60 Min.

Zutaten:

600 g Zucker
600 g Wasser
Saft von ½ Zitrone
500 g Qadayif (frische Teigfäden)
250 g Butter (alternativ: Margarine)
400 g gehackte Walnüsse
100 g gem. Pistazien, Menge geteilt

1. Zucker, Wasser und Zitronensaft in einem Topf aufkochen und 15–20 Minuten bei höchster Temperatur kochen. Das Zuckerwasser abkühlen lassen.
2. In der Zwischenzeit Qadayif aus der Verpackung nehmen, in einer Schüssel mit der Hand auseinander pflücken, bis eine lockere Masse entsteht.
3. Ein Backblech mit Backpapier auslegen. Backofen auf 200 °C Ober-/Unterhitze (180 °C Umluft) vorheizen.
4. In einem kleinen Topf Butter schmelzen, auf dem Qadayif verteilen und miteinander vermengen. Die Hälfte des Qadayifs auf dem Backblech gleichmäßig verteilen.
5. Das Qadayif mit den Walnüssen und der Hälfte der Pistazien belegen und die andere Hälfte des Qadayifs darüber verteilen.
6. Im Ofen 30–40 Minuten goldbraun backen.
7. Das abgekühlte Zuckerwasser über das heiße Qadayif gießen. Die restlichen Pistazien portionsweise auf dem Qadayif verteilen.

Tipp: Alternativ zu den Nüssen kann Mozzarella verwendet werden. Dazu nimmt man ab Schritt 5 ca. 6 Kugeln Mozzarella. Diese halbieren, auf die Teigfäden verteilen und mit den restlichen Teigfäden bedecken. Anschließend mit dem Rezept fortfahren.

Blätterteiggebäck mit
Teigfäden
(Seite 146)
Teigfädengebäck mit
Walnüssen und
Pistazien
(Seite 144)

ܒܩܠܘܐ ܥܡ ܩܕܝܦ

Baqlawa cam qadayif

Blätterteiggebäck mit Teigfäden

Der Aufwand lohnt sich.

Für ca. 45 Stück

Zubereitungszeit:
ca. 90 Min.

Zutaten:

800 g Zucker
800 ml Wasser
Saft von ½ Zitrone
250 g Qadayif (frische Teigfäden)
300 g gehackte Walnüsse
100 g gehackte Mandeln
250 g gehackte Pistazien, Menge geteilt
250 g Butter (alternativ: Margarine), Menge geteilt + etwas mehr zum Einfetten
500 g Baqlawa-Blätterteig (ca. 12 Blätterteigplatten)

1. Zucker, Wasser und Zitronensaft in einem Topf aufkochen und 15–20 Minuten kochen. Zuckerwasser abkühlen lassen.
2. In der Zwischenzeit in einer großen Schüssel Qadayif mit der Hand auseinanderpflücken, bis eine lockere Masse entsteht.
3. Walnüsse, Mandeln, die Hälfte der Pistazien und die Hälfte der Butter unter das Qadayif mischen und kneten.
4. 3 Baqlawa-Teigplatten aufeinanderlegen, mit ¼ der Qadayif-Masse belegen und quer einrollen. Mit dem restlichen Baqlawa-Teig und der restlichen Qadayif-Masse genauso verfahren.
5. Die Rollen in ca. 3 cm breite Röllchen schneiden. Ein Backblech mit etwas Butter einfetten und die Röllchen darauf stellen.
6. Den Backofen auf 200 °C Ober-/Unterhitze (180 °C Umluft) vorheizen.
7. Die übrig gebliebene Butter in einem kleinen Topf schmelzen und über die ausgelegten Röllchen träufeln.
8. Die Baqlawa-Scheiben ca. 30–40 Minuten im Ofen goldgelb backen.
9. Das Zuckerwasser über das heiße Baqlawa gießen. Die restlichen Pistazien mahlen und darüber streuen.

Tipp: Je nach gewünschtem Bräunungsgrad kann das Blätterteiggebäck länger im Ofen gebacken werden.

كْلِيجَة

Coliqe

Getrocknete Nussketten in Weintraubensirup

Früher wurde aus den wenigen Zutaten, die vorhanden waren, eine köstliche und nahrhafte Süßigkeit zubereitet.

Für 12 Stück

Zubereitungszeit:
ca. 120 Min. + 4 Tage Trockenzeit

Hilfsmittel:

12 Stücke langes, unbehandeltes, zweifaches Garn à 30 cm Länge
Maßband
Schere
Große Nähnadel

Zutaten:

1½ kg Walnusskerne
700 ml heller Sirup
700 ml Weintraubensirup
200 g Honig
350 g Mehl
100 g Weizengrieß
1 TL Zimt
1 Prise Salz

1. Das Garn jeweils am Ende verknoten. Walnusskerne einzeln, Kern auf Kern, mit einer Nadel auf die Garnschnüre stecken und das Ende erneut verknoten.
2. 2 l Wasser, hellen Sirup, Weintraubensirup und Honig in einem großen Topf vermengen.
3. In einer großen Schüssel Mehl, Weizengrieß, Zimt und Salz vermengen. 500 ml von dem Wasser-Sirup-Gemisch entnehmen und mit einem Schneebesen unter das Mehl-Grieß-Gemisch heben, bis keine Klumpen mehr zu sehen sind.
4. Den Rest des Wasser-Sirup-Gemischs aufkochen. Sobald es kocht, die Temperatur etwas senken und unter ständigem Rühren das Sirup-Mehl-Gemisch unterheben. Die ganze Masse unter ständigem Rühren bei mittlerer Temperatur ca. 30 Minuten köcheln lassen.
5. Die Walnussketten in den Sirup eintauchen, dann kurze Zeit über den Topf halten, sodass überschüssiger Sirup abtropft. Die Walnussketten auf einen Wäscheständer hängen und 3–4 Tage trocknen lassen.

Tipp: Die Coliqe in Mehl wenden, so kleben sie nicht aneinander.

ܪܗܐ ܕܒܢܕܩ ܕܐܪܩܘ

Raha du bindeq di arco

Erdnussriegel

Eine leckere vegetarische Nascherei.

Für ca. 30 Stück

Zubereitungszeit:
ca. 45 Min.

Zutaten:

200 g Zucker
1 EL Butter (alternativ: Margarine)
100 ml Weintraubensirup
500 g geröstete, ungesalzene Erdnüsse (alternativ: andere Nüsse, Kerne oder Sesam)

1. Den Zucker in einen kleinen Topf geben und bei mittlerer Hitze unter ständigem Rühren karamellisieren lassen.
2. Butter und Sirup hinzugeben, verrühren und ca. 10 Minuten köcheln lassen.
3. Anschließend die Nüsse hinzufügen, gut verrühren, sodass alle Nüsse mit Sirup bedeckt sind.
4. Ein Backblech mit Backpapier auslegen. Die Nussmasse darauf verteilen und gleichmäßig andrücken.
5. Die Masse erkalten lassen und in beliebig große Stücke schneiden.

Getrocknete Nussketten
in Weintraubensirup
(Seite 147)
Erdnussriegel
(Seite 148)
Marshmallowgebäck
(Seite 150)

ܪܳܚܰܐ ܕܽܗ ܡܰܪܫܡܶܠܳܘ

Raha du maršmelow

Marshmallowgebäck

Ein schnelles und einfaches Gebäck.

Für ca. 12 Stück

Zubereitungszeit:
ca. 45 Min.

Zutaten:

200 g ganze Mandeln (mit Schale)
200 g weiße Kuvertüre (alternativ: Schokokuvertüre)
300 g Marshmallows
50 g Kokosfett
100 g Kokosraspel

1. Mandeln in einer Pfanne ohne Zugabe von Öl rösten, bis es duftet.
2. Kuvertüre im Wasserbad schmelzen. Marshmallows hinzugeben und ebenfalls schmelzen lassen.
3. Geröstete Mandeln und Kokosfett hinzufügen, alles gut vermengen.
4. Ein kleines Backblech oder eine Auflaufform mit der Hälfte der Kokosraspel bestreuen, die Masse darauf geben und andrücken, die restlichen Kokosraspeln darüberstreuen und erneut andrücken.
5. Die Masse abkühlen lassen und in Rauten schneiden.

ܟܠܝܟܐ ܕܗܘ ܨܘܡܐ

Kliča du ṣawmo

Vegane Plätzchen

Eine leckere Alternative in der Fastenzeit.

Für ca. 30 Stück

Zubereitungszeit:
ca. 45 Min. + 2 Stunden Ruhezeit

Zutaten:

Für den Teig:
½ Würfel Frischhefe (alternativ: 1 Päckchen Trockenhefe)
550 g Mehl
1 Päckchen Backpulver
200 g Zucker
250 g Margarine
100 ml Öl
50 ml Mandeldrink
1 Päckchen Vanillezucker
1 Prise Salz
150 g grob gem. Walnüsse
50 g gerösteter Sesam
1 EL Kličagewürz (je ¼ TL Zimt, Nelken, Anis, Kreuzkümmel)

Zum Bestreichen:
50 ml Mandeldrink
1 EL Zucker

1. Frischhefe in einer großen Schüssel in etwas lauwarmem Wasser auflösen. Die restlichen Zutaten für den Teig hinzufügen und zu einem festen Teig verkneten. 2 Stunden ruhen lassen.
2. Den Teig ca. 1 cm dick ausrollen, mit einem Pizzamesser oder einem Teigschneiderad in Rauten oder Rechtecke schneiden.
3. Zum Bestreichen Mandeldrink und Zucker vermischen, die Kliča damit bestreichen.
4. Den Backofen auf 200 °C Ober-/Unterhitze (180 °C Umluft) vorheizen.
5. Ein Backblech mit Backpapier auslegen. Die Kliča darauf legen und bei ca. 20 Minuten im Ofen backen.

Tipp: Das Gebäck kann auch mit Walnüssen und gehackten Datteln gefüllt werden.

ܦܣܛܐ ܕܘ ܒܢܕܩ

Pasta du bindeq

Nussecken

Zur Weihnachtszeit stehen Nussecken bei jeder aramäischen Familie auf dem Tisch.

Für ca. 20 Stück

Zubereitungszeit:
ca. 60 Min.

Zutaten:

Für den Teig:

400 g Mehl
2 TL Backpulver
150 g Zucker
1 Päckchen Vanillezucker
1 Ei
200 g Margarine
(alternativ: Butter)

Für die Füllung:

200 g Butter
150 g Zucker
2 Päckchen Vanillezucker
200 g gem. Haselnüsse
200 g gehackte Haselnüsse
100 g Aprikosenkonfitüre
150 g Kuvertüre

1. Alle Zutaten für den Teig in eine große Schüssel geben und zu einem geschmeidigen Teig verkneten.
2. Ein Backblech mit Backpapier auslegen, den Teig darauf ausrollen und mit Aprikosenkonfitüre bestreichen.
3. Für die Füllung Butter, Zucker, Vanillezucker und 4 EL Wasser in einem Topf zerlassen und aufkochen. Haselnüsse unterrühren, die Masse gleichmäßig auf dem Teig verteilen.
4. Den Backofen auf 200 °C Ober-/Unterhitze (180 °C Umluft) vorheizen.
5. Die Nussecken 30–35 Minuten im Ofen backen. Nach dem Backen sofort in Quadrate schneiden und diese schräg halbieren, sodass Dreiecke entstehen.
6. Kuvertüre im Wasserbad auflösen, beide Ecken des Gebäcks darin eintauchen und trocknen lassen.

Nussecken
(Seite 152)

Vegane Plätzchen
(Seite 151)

ܒܩܠܘܐ

Baqlawa

Blätterteiggebäck mit Walnüssen

Knusprig, nussig und süß.

Für 30–36 Stück

Zubereitungszeit:
ca. 60 Min.

Zutaten:

500 g Zucker
500 ml Wasser
Saft von ½ Zitrone
1 Zimtstange
200 g Butter (alternativ: Margarine) + etwas mehr zum Einfetten
500 g Baqlawa-Blätterteig (ca. 12 Blätterteigplatten)
350 g gehackte Walnüsse

1. Zucker, Wasser, Zitronensaft und Zimt in einem Topf aufkochen und 15–20 Minuten kochen. Abkühlen lassen und Zimtstange entnehmen.
2. In der Zwischenzeit Butter in einem kleinen Topf schmelzen.
3. Backofen auf 200 °C Ober-/Unterhitze (180 °C Umluft) vorheizen. Ein Backblech mit Butter einfetten.
4. Die Hälfte der Teigplatten auf dem Blech auslegen und mit der Hälfte der geschmolzenen Butter beträufeln.
5. Walnüsse über den Teig streuen und mit der anderen Hälfte der Teigplatten belegen. Die Baqlawa rautenförmig oder in Vierecke schneiden und mit der restlichen Butter oder Margarine beträufeln.
6. Die Baqlawa im Ofen ca. 40 Minuten goldgelb backen.
7. Das abgekühlte Zuckerwasser über die fertige Baqlawa gießen.

Tipp: Pistazien eignen sich hervorragend statt Walnüsse. Für einen noch intensiveren Geschmack, können sie auch zusätzlich hinzugegeben werden.

Baqlawa di čoqolata

Schokoladenrauten

Ein eigens kreiertes Rezept, welches vor fast 40 Jahren gemeinsam mit einer guten Freundin im kleinen Rodgau (Offenbach a. M.) entstanden ist.

Für ca. 30 Stück

Zubereitungszeit:
ca. 90 Min. + 8 Stunden Ruhezeit

Zutaten:

Für den Teig:
800g Mehl
1TL Backpulver
120g Zucker
2 Päckchen Vanillezucker
300g Butter
3 Eier
7EL Sahne
2EL Öl
1 Prise Salz

Für die Füllung:
800ml Milch (3,5 % Fett), Menge geteilt
400g Blockschokolade (Zartbitter), in kleinen Stücken
180g Butter
50g Zucker
2 Päckchen Vanillezucker
60g Mehl
100g Puderzucker zum Bestreuen

1. Für den Teig alle Zutaten in eine große Schüssel geben und zu einem geschmeidigen Teig kneten. Den fertigen Teig in vier gleichgroße Kugeln formen, diese 30 Minuten zugedeckt ruhen lassen.
2. Den Backofen auf 200°C Ober-/Unterhitze (180°C Umluft) vorheizen.
3. Teig nacheinander auf Backpapier ca. 1cm dick ausrollen. Achtung: Der Teig wird auf der Rückseite des Backbleches gebacken. Das Backblech also umdrehen, damit der Biskuitboden nach dem Backen leicht vom Blech geschoben werden kann, ohne zu zerbrechen.
4. Die vier Teigplatten nacheinander im Ofen 12–15 Minuten goldgelb backen. Die fertigen Teigplatten auf dem Backpapier abkühlen lassen.
5. In der Zwischenzeit für die Füllung 600ml Milch, Schokolade, Butter, Zucker und Vanillezucker in einen Topf geben und unter ständigem Rühren erhitzen, bis sich die Schokolade auflöst.
6. In einer kleinen Schüssel das Mehl mit der restlichen Milch zu einer geschmeidigen Masse verrühren und zu der Schokoladensoße geben. Schokoladensoße weitere 20 Minuten unter ständigem Rühren und bei niedriger Temperatur köcheln lassen, bis sie cremig ist.
7. Etwa 2 Suppenkellen Schokoladensoße auf eine Teigplatte streichen und mit einer weiteren Teigplatte belegen. So weiterschichten, mit einer Teigplatte abschließen.
8. Das fertige Gebäck mit Backpapier und einem Küchentuch zudecken und 8 Stunden oder über Nacht ruhen lassen. Anschließend mit Puderzucker bestreuen und in kleine Rauten schneiden.

ܦܰܣܛܰܐ ܕܽܘ ܚܡܺܝܪܳܐ

Pasta du ḥmiro

Hefeteilchen

Sehr fluffig und leicht, und besonders zur Osterzeit sehr beliebt.

Für ca. 30 Stück

Zubereitungszeit:
ca. 120 Min.

Zutaten:

Für den Teig:
1 kg Mehl
1 Päckchen Backpulver
1 Prise Salz
200 g Zucker
2 Päckchen Vanillezucker
1 Würfel Frischhefe
3 Eier
200 g weiche Butter (alternativ: Margarine)
400 ml lauwarme Milch
2 EL Öl

Für die Füllung:
50 g weiche Butter (alternativ: Margarine)
50 g Zucker
1 EL Zimt
250 g gehackte Walnüsse (alternativ: 250 g Raspelschokolade oder 250 g Mohnmasse)
1 Ei (zum Bestreichen)

1. Für den Teig in einer großen Schüssel Mehl, Backpulver, Salz, Zucker und Vanillezucker vermengen. Eine Mulde in der Mitte der Schüssel formen. Hefe, Eier, Butter und Milch in die Mulde geben. Alle Zutaten kräftig miteinander verkneten, bis ein klebriger, aber geschmeidiger Teig entsteht.
2. Öl dazugeben und den Teig erneut geschmeidig kneten. Den Teig mit Frischhaltefolie abdecken und ca. 45 Minuten ruhen lassen.
3. Teig zu 4 gleichgroßen Bällen formen. Eine Arbeitsplatte mit etwas Öl einfetten und die Teigbälle jeweils ca. 1 cm dick rund ausrollen.
4. Für die Füllung Butter in einem Topf schmelzen. Den Teig quadratisch ausrollen, mit der Butter bepinseln und zur Hälfte mit Zucker, Zimt und Walnüssen (oder anderer Füllung) bestreuen. Die Teighälfte ohne Füllung auf die andere klappen. Den Teig in ca. 10 gleich breite Streifen schneiden. Diese verdrehen und nach Belieben formen, z. B. schneckenförmig.
5. Die fertigen Hefeteilchen erneut ca. 30 Minuten ruhen lassen.
6. Ein Backblech mit Backpapier auslegen. Den Backofen auf 200 °C Ober-/Unterhitze (180 °C Umluft) vorheizen.
7. Hefeteilchen auf das Backblech legen. In einer kleinen Schüssel 1 Ei aufschlagen und die Hefeteilchen damit bestreichen. Im Ofen ca. 20 Minuten goldbraun backen.

Tipp: Hefeteilchen im Tiefkühlfach aufbewahren und je nach Bedarf im Backofen bei 180 °C Ober-/Unterhitze (160 °C Umluft) ca. 5 Minuten auftauen. Die Hefeteilchen schmecken dann frisch und knusprig.

ܦܣܛܐ ܕܗ ܟ̰ܝܠܟܬ ܕܗܘ ܨܘܡܐ

Pasta da čilakat du ṣawmo

Erdbeerkuchen

Ein besonders fruchtiger veganer Kuchen.

Für ca. 12 Stück

Zubereitungszeit:
ca. 40 Min.

Zutaten:
150 g Margarine
200 g Zucker
2 Päckchen Vanillezucker
400 g Mehl
1 Päckchen Backpulver
300 ml Sojadrink
1 kg Erdbeeren
2 Päckchen
Roter Tortenguss

1. Für den Teig Margarine in eine mittelgroße Schüssel geben. Zucker und Vanillezucker dazugeben und anschließend mit dem Handrührgerät gut durchrühren, bis sich eine geschmeidige Masse bildet.
2. In einer separaten Schüssel Mehl und Backpulver vermengen. Abwechselnd unter Rühren Sojadrink und Mehl-Backpulver-Mischung zu der Margarine-Zucker-Masse hinzugeben, bis sich ein geschmeidiger Teig bildet.
3. Ein etwas tieferes Blech mit Backpapier auslegen. Den Backofen auf 180 °C Ober-/Unterhitze vorheizen.
4. Den Teig gleichmäßig auf dem Backblech verteilen und ca. 30 Minuten im Ofen goldbraun backen. Auskühlen lassen.
5. In der Zwischenzeit die Erdbeeren waschen, putzen und halbieren. Den ausgekühlten Kuchen damit belegen.
6. Den Tortenguss nach Packungsanweisung zubereiten und über dem Kuchen verteilen. Den Kuchen auskühlen lassen.

Tipp: Die Erdbeeren können nach Belieben mit Zucker bestreut werden, falls sie nicht ausreichend süß sind.

ܒܣܛܝܩ

Bastiq

Getrocknete Fruchtblätter aus Weintraubensirup

Bei Bastiq handelt es sich um ein sehr altes traditionelles Rezept. Früher galt es als besondere Köstlichkeit und diente als Süßigkeit.

Für ca. 30 Stück

Zubereitungszeit:
ca. 90 Min. + 2 Tage Trockenzeit

Zutaten:

900 ml heller Sirup
300 ml Weintraubensirup
250 g Mehl
1 TL Zimt
1 Prise Salz
200 g gemahlene Pistazien (alternativ: gehackte Haselnüsse)

1. 1250 ml Wasser, hellen Sirup und Weintraubensirup in einen großen Topf geben und verrühren.
2. In einer großen Schüssel Mehl, Zimt und Salz vermengen. 500 ml vom Wasser-Sirup-Gemisch entnehmen und mit einem Schneebesen unter das Mehl heben, bis keine Klumpen mehr zu sehen sind.
3. Den Rest des Wasser-Sirup-Gemischs aufkochen. Sobald es kocht, die Temperatur etwas reduzieren und unter ständigem Rühren das Sirup-Mehl-Gemisch unterheben. Die Masse unter ständigem Rühren bei mittlerer Temperatur ca. 30 Minuten köcheln lassen.
4. 6–7 Bögen Backpapier bereitlegen. 2–3 Suppenkellen des Sirups auf das Backpapier auftragen und mit einem Tortenheber dünn ausstreichen, einige Stunden trocknen lassen. Anschließend die bestrichenen Backpapierbögen auf einen Wäscheständer hängen und 2 Tage lang trocknen lassen.
5. Den getrockneten Sirup vom Backpapier abziehen und in ca. 6 cm breite Streifen schneiden. Die Streifen mit Haselnüssen bestreuen und dreieckförmig ineinander falten. Hierfür mit der unteren rechten Ecke anfangen, diese bis zum Rand der linken Seite schlagen, anschließend die entstandene Spitze wieder auf die rechte Seite schlagen usw.

Tipp: Bastiq kann alternativ auch gerollt werden. Falls er klebt, in etwas Mehl wenden.

ܒܣܛܝܩ ܕܘ ܡܫܡܫ

Bastiq du mišmiš

Johannisbeer-Aprikosen-Süßigkeit

Die Johannisbeer-Aprikosen-Variante ist eine fruchtige Alternative zu klassischem Bastiq.

Für ca. 60 Stück

Zubereitungszeit:
ca. 60 Min. + 2 Tage Trockenzeit

Zutaten:

2 kg Aprikosen oder Johannisbeeren
100 g Speisestärke
300 g Zucker

1. Aprikosen oder Johannisbeeren waschen, Aprikosen in kleine Stücke schneiden. Das Obst in einen großen Topf geben, aufkochen und für ca. 30 Minuten köcheln lassen.
2. Das Obst so lange pürieren, bis es schön sämig ist und keine Obstklümpchen mehr vorhanden sind.
3. 200 ml Wasser und Speisestärke miteinander vermengen und zusammen mit dem Zucker zu dem pürierten Obst geben, erneut pürieren und für weitere 20–30 Minuten köcheln lassen, bis die Masse dickflüssig wird.
4. 2 Bögen Backpapier bereitlegen. Die Masse gleichmäßig darauf verteilen und für zwei Tage trocknen lassen. Anschließend nach Belieben formen.

ܚܠܝܠܐ

Ḥalile

Getrocknete Würfel aus Weintraubensirup und Grieß

Eine klassische Süßigkeit aus dem Dorf.

Für ca. 30 Stück

Zubereitungszeit:
ca. 50 Min. + 8 Tage Trockenzeit

Zutaten:

2 l Wasser
500 ml Weintraubensirup
2 l heller Sirup
500 g Mehl
250 g Grieß
1 TL Zimt
1 Prise Salz
100 g Walnüsse
100 g Sesam

1. In einem großen Topf Wasser, Weintraubensirup und hellen Sirup verrühren.
2. In einer großen Schüssel Mehl, Grieß, Zimt und Salz miteinander vermengen. 1 l vom Wasser-Sirup-Gemisch entnehmen und mit einem Schneebesen unter das Mehl-Grieß-Gemisch heben, bis keine Klumpen mehr zu sehen sind.
3. Den Rest des Wasser-Sirup-Gemischs aufkochen. Sobald es kocht, die Temperatur etwas reduzieren und unter ständigem Rühren das Sirup-Mehl-Gemisch unterheben. Die Masse unter ständigem Rühren bei mittlerer Temperatur ca. 30 Minuten köcheln lassen.
4. Ein tiefes Backblech mit Backpapier auslegen. Die Sirupmasse darauf gießen, Walnüsse und Sesam beliebig darauf streuen und ca. 4 Stunden trocknen lassen. Anschließend die Masse auf ein Küchentuch geben und 1 Tag trocknen lassen. (Die Masse kann auch weiter auf dem Backblech getrocknet werden, jedoch dauert es dann etwas länger.)
5. Die Ḥalile in Quadrate oder Dreiecke schneiden und weitere 7 Tage auf einem Küchentuch trocknen lassen.

Alternativ zu Weintraubensirup kann auch heller Zuckersirup oder aufgekochtes, gezuckertes und püriertes Obst verwendet werden (siehe Seite 166). Je nachdem verändert sich auch die Farbe der Grießwürfel.

ܦܣܛܐ ܕܗܐ ܬܐܢܐ

Pasta da tene

Feigengebäck

Wer exotische Früchte wie Feigen und Datteln mag, wird dieses Gebäck lieben.

Für ca. 30 Stück

Zubereitungszeit:
ca. 45 Min.

Zutaten:

Für den Teig:

300 g Mehl + etwas mehr für die Arbeitsfläche
1 TL Backpulver
100 g Zucker
1 Päckchen Vanillezucker
130 g Butter
2 Eier, Menge geteilt
1 Prise Salz

Für die Füllung:

5 getr. Datteln
6 getr. Feigen
50 g gehackte Walnüsse
100 g ganze Walnüsse zur Dekoration

1. Für den Teig in einer Rührschüssel Mehl, Backpulver, Zucker, Vanillezucker, Butter, 1 Ei und Salz mit der Hand zu einem geschmeidigen Teig kneten.
2. Für die Füllung Datteln und Feigen in feine Würfel schneiden. Gehackte Walnüsse, Datteln und Feigen miteinander vermengen und zu einer festen Masse kneten.
3. Eine Arbeitsfläche leicht mit Mehl bestäuben. Den Teig ca. 4 mm dick ausrollen und in 24 Quadrate à 8 × 8 cm schneiden. In die Mitte der Hälfte der Quadrate ½ TL Füllung setzen und alle Ecken zur Mitte hin zusammenschlagen. Die restlichen Teigquadrate jeweils zu walnussgroßen Bällchen formen, in die Mitte der Bällchen mit dem Zeigefinger eine Mulde drücken, jeweils mit einem ½ TL der Masse befüllen und die Bällchen wieder verschließen.
4. Den Backofen auf 200 °C Ober-/Unterhitze (180 °C Umluft) vorheizen.
5. In einer kleinen Schüssel 1 Ei aufschlagen, verrühren und die gefüllten Teigtaschen damit bestreichen. Zur Dekoration eine Walnuss auf jede Teigtasche setzen. Das Gebäck 12–15 Minuten im Ofen backen.

ܪܲܓ̰ܲܠ ܕܝܼ ܩܲܪܥܐ

Račal di qarco

Süßer Kürbis

Kürbis mal anders.

Für ca. 1 l

Zubereitungszeit:
ca. 120 Min. + 8 Stunden Ruhezeit

Zutaten:

1½ kg Kürbis (roter Zentner)
Saft von 1 Zitrone
200 g Zucker
1 Zimtstange
2 Nelken
200 ml Weintraubensirup

1. Kürbis schälen, entkernen und in ca. 6 cm große Stücke schneiden. In einer großen Schüssel Kürbisstücke mit Zitronensaft und Zucker vermengen und 8 Stunden oder über Nacht durchziehen lassen.
2. Kürbisgemisch in einen Topf geben, Zimt und Nelken hinzufügen und ca. 1 Stunde köcheln lassen.
3. Anschließend den Weintraubensirup hinzufügen, weitere 20 Minuten köcheln lassen. Sobald die Flüssigkeit dickflüssig (honigartig) ist, alles auf ein tiefes Backblech geben.
4. Den Backofen auf 190 °C Ober-/Unterhitze (170 °C Umluft) vorheizen.
5. Den Kürbis 20 Minuten im Ofen backen.
6. Zum Konservieren die Mischung noch heiß in Schraubgläser füllen und diese gut verschließen. Zum direkten Verzehr erkalten lassen und im Kühlschrank aufbewahren.

Tipp: Zum Servieren das Kompott mit Walnüssen und Pistazien bestreuen.

ܦܣܬܐ ܕܗܝ ܚܒ̈ܘܫܐ ܕܗܘ ܨܘܡܐ

Pasta da ḥabuše du ṣawmo

Veganer Apfelkuchen

Dieser Kuchen gelingt immer, ob mit Apfel, Zwetschge, Aprikose oder auch ganz ohne Obst.

Für ca. 12–16 Stück

Zubereitungszeit:
ca. 90 Min.

Zutaten:

Für den Teig:
400 g Mehl
1 Päckchen Backpulver
180 g Zucker
1 Päckchen Vanillezucker
130 g Margarine
200 ml Sojadrink (alternativ: Haferdrink)

Für die Füllung:
6 Äpfel
Zimt

Für die Streusel:
300 g Mehl
100 g Mandelsplitter
130 g Zucker
2 Päckchen Vanillezucker
200 g Margarine

1. Alle Zutaten für den Teig in einer Rührschüssel mit dem Handrührgerät zu einem glatten Teig verrühren.
2. Für die Füllung Äpfel schälen, in etwa 1 cm dicke Spalten schneiden und mit Zimt bestreuen.
3. Ein kleines Backblech (30 × 35 cm) mit Backpapier auslegen. Den Teig darauf verteilen. Die Äpfel reihenweise auf dem Teig verteilen.
4. Den Backofen auf 190 °C Ober-/Unterhitze (170 °C Umluft) vorheizen.
5. Alle Zutaten für die Streusel in eine Rührschüssel geben und erst mit der Hand verkneten und anschließend mit dem Handrührgerät zu Streuseln verrühren. Die Streusel auf den Äpfeln verteilen.
6. Den Kuchen im Ofen 40–45 Minuten backen.

ܦܐܣܛܐ ܕܝ ܟ̰ܘܩܘܠܐܛܐ ܕܘ ܨܘܡܐ

Pasta di čoqolata du ṣawmo

Veganer Schokoladenkuchen

Saftig und schokoladig.

Für ca. 16 Stück

Zubereitungszeit:
ca. 45 Min.

Zutaten:

300 g Mehl
1 Päckchen Backpulver
250 g Zucker
2 Päckchen Vanillezucker
Prise Salz
300 ml Sojadrink (alternativ: Haferdrink)
100 ml Öl
2 EL Backkakao
100 g Schokotropfen (Zartbitter, vegan)

1. Alle Zutaten in eine Rührschüssel geben und mit dem Handrührgerät zu einem geschmeidigen Teig verrühren.
2. Den Backofen auf 180 °C Ober-/Unterhitze (160 °C Umluft) vorheizen.
3. Ein Backblech mit Backpapier auslegen, den Teig darauf verteilen.
4. Den Kuchen im Ofen etwa 30 Minuten backen.

ܡܩܦ̈ܐ ܘܠܚܡ̈ܢܐ

MAQFE U LAḤMONE

BEILAGEN, BROTE UND DIPS

Beilagen wie Bulgur, Reis und Brot, aber auch Joghurt werden zu den verschiedensten Speisen verzehrt. Selbst als Hauptspeisen mit erfrischenden Salaten bieten diese Beilagen einen kulinarischen Genuss.

ܩܛܝܪܐ

Qaṭiro

Hausgemachter Joghurt

In der aramäischen Küche wird Joghurt als erfrischender Begleiter zu allen herzhaften Speisen gegessen.

Für 6–8 Portionen

Zubereitungszeit:
ca. 10 Min. + 8 Stunden Ruhezeit

Zutaten:

2 l Frischmilch
150 ml Joghurt (3,5 % Fett)

1. Milch in einem großen Topf unter Rühren aufkochen, in eine Schüssel gießen und auf 35–40 °C abkühlen lassen.
2. Joghurt in der warmen Milch verrühren. Die Milch mit einem Deckel und Küchentüchern gut zudecken und mindestens 8 Stunden oder über Nacht ruhen lassen.
3. Den fertigen Joghurt im Kühlschrank aufbewahren.

Tipp: Der selbst gemachte Joghurt passt zu Kutle (Seite 106), Apraxe (Seite 100), Barġal (Seite 184) und zu Fladenbrot (Seite 187). Verfeinert werden kann der Joghurt mit etwas Weintraubensirup, Granatapfelkernen oder Minze.

ܓܒܬܐ

Gweto

Aramäischer Käse

Auf keinem Ostertisch darf dieser gesalzene Käse fehlen. Dazu passen gekühlte Wassermelone und Fladen- oder Pfannenbrot. Die Kombination von salzig und süß ergibt ein besonderes Geschmackserlebnis und ist gerade in den heißen Sommermonaten sehr beliebt.

Für 1 Laib

Zubereitungszeit:
ca. 45 Min.

Zutaten:

10 l Frischmilch (am besten Milch vom Bauern)
1,5 l Joghurt (3,5 % Fett)

Hilfsmittel:

1 feiner Baumwoll-/Tüllsack

1. Milch in einem großen Topf unter Rühren aufkochen. Joghurt in die kochende Milch geben, etwa 35 Minuten weiterköcheln lassen und immer wieder umrühren, bis sich der Käse bildet, an die Oberfläche schwimmt und die Milch nur noch aus einer gelben, trüben Flüssigkeit besteht.
2. Den Topf in einen Baumwollsack leeren. Hierfür eignet sich ein sauberes Waschbecken sehr gut. Den Sack umgehend zudrehen und zuknoten, sodass der Käse sofort bindet. Das zugeknotete Ende auf die Seite legen und eine große Servierplatte oder ein großes Schneidebrett auf den Sack stellen. Einen großen Topf mit Wasser füllen, um ihn zu beschweren, und diesen ca. 5 Minuten auf die Servierplatte oder das Schneidebrett stellen, bis die Flüssigkeit aus dem Käse ausgelaufen ist.
3. Den Käselaib aus dem Sack nehmen, auf ein Brett oder einen Teller legen und abkühlen lassen.

Tipp: Der Käse ohne Salz hält sich im Kühlschrank ca. 1 Woche. Nach Belieben kann der Käse etwas gesalzen werden. Er schmeckt dann nicht nur würziger, sondern hält sich auch länger.

ܒܪܓܠ ܥܡ ܫܥܝܪܐ

Barġal cam šciraye

Bulgur mit feinen Nudeln

Als Beilage verleiht Bulgur vielen Speisen einen besonderen Geschmack, aber auch als eigenständige Hauptspeise ist er sehr schmackhaft.

Für 4 Portionen

Zubereitungszeit:
ca. 20 Min.

Zutaten:

100 g Butter (alternativ: Margarine)
100 g Fadennudeln
400 g grober Bulgur
2 TL Salz

1. Butter in einem mittelgroßen Topf schmelzen. Fadennudeln hinzugeben und darin anbraten, bis sie eine goldbraune Farbe erhalten. Bulgur, 900 ml Wasser und Salz dazugeben. Sobald das Wasser kocht, Temperatur auf mittlere Stufe stellen.
2. Alles auf mittlerer Stufe köcheln lassen, bis der Bulgur das Wasser aufgesogen hat. Anschließend ca. 5 Minuten ruhen lassen.

Bulgur mit feinen Nudeln
(Seite 184)

Reis mit feinen Nudeln
(Seite 186)

ܪܙܐ ܥܡ ܫܥܝܪܝܐ

Rezo cam šciraye

Reis mit feinen Nudeln

Die perfekte Beilage.

Für 4 Portionen

Zubereitungszeit:
ca. 40 Min.

Zutaten:

400 g Reis
100 g Butter (alternativ: Margarine)
5 EL Fadennudeln
4 Lorbeerblätter
2 TL Salz

1. Reis mit heißem Wasser übergießen und ca. 10 Minuten ruhen lassen. Anschließend den Reis in einem Sieb abtropfen lassen.
2. Butter in einem kleinen Topf schmelzen. Fadennudeln dazugeben und darin anbraten, bis sie eine goldbraune Farbe erhalten.
3. Den eingeweichten Reis hinzugeben, ebenfalls kurz anbraten, mit 800 ml Wasser übergießen, Lorbeerblätter hinzufügen und mit Salz abschmecken. Einmal aufkochen und dann den Deckel aufsetzen.
4. Reis mit geschlossenem Deckel auf niedrigster Stufe ziehen lassen, bis das Wasser aufgesogen ist. Ca. 10 Minuten ruhen lassen.

ܠܚܡܐ ܕܝܗ ܦܪܢܐ

Laḥmo di fërna

Aramäisches Fladenbrot

Früher im Dorf wurde der Steinofen genutzt, heute ist es der Backofen.

Für 2 Laibe

Zubereitungszeit:
ca. 90 Min.

Zutaten:

1 kg Mehl
650 ml lauwarmes Wasser
1 Würfel Frischhefe
1 EL Margarine
1 TL Salz
2 EL Olivenöl
1 Ei zum Bestreichen (alternativ: etwas Wasser)
Sesam (weiß und schwarz)

1. Mehl in eine große Schüssel geben, in der Mitte eine Mulde formen und Wasser, Hefe, Margarine und Salz in die Mulde geben. Alles zu einem geschmeidigen Teig verkneten. Das Öl hinzugeben und den Teig erneut kneten, bis er nicht mehr klebt.
2. Den Teig mit einem Deckel oder Frischhaltefolie abdecken, mit Küchentüchern zudecken und ca. 30 Minuten ruhen lassen.
3. Zwei Backbleche einfetten. Nach Belieben zwei Brotlaibe formen und auf die Backbleche legen, mit einem Ei bestreichen, mit Sesam bestreuen und erneut ca. 30 Minuten ruhen lassen.
4. Den Backofen auf 250 °C Ober-/Unterhitze (230 °C Umluft) vorheizen.
5. Die Brote im Ofen 15–20 Minuten goldbraun backen.

ܠܚܡܐ ܕܗܘ ܕܘܩܐ

Laḥmo du dawqo

Aramäisches Pfannenbrot

Ob zum Dippen oder Einrollen, ein aromatischer Begleiter für viele Speisen.

Für 8 Stück

Zubereitungszeit:
ca. 40 Min.

Zutaten:

1 kg Mehl + etwas mehr zum Bestäuben
580 ml lauwarmes Wasser
1 Würfel Frischhefe
1 EL Salz
2 EL Butter (alternativ: Margarine)

1. Mehl in eine große Schüssel geben, in der Mitte eine Mulde formen und Wasser, Hefe und Salz in die Mulde geben. Alles zu einem geschmeidigen Teig kneten. Teig ca. 15 Minuten zugedeckt ruhen lassen.
2. Etwas Mehl auf eine Arbeitsfläche geben. Den Teig zu 8 tennisballgroßen Bällen formen, auf die Arbeitsfläche legen und mit Mehl bestäuben.
3. Eine beschichtete Pfanne oder Gusseisenpfanne (mind. Ø 28 cm) auf dem Herd vorheizen. Jeden der Teigbälle kreisförmig ausrollen.
4. Die Pfanne mit etwas Butter einfetten und den Teig von beiden Seiten ca. 3 Minuten goldgelb backen.

Aramäisches
Fladenbrot
(Seite 187)
Aramäisches
Pfannenbrot
(Seite 188)
Bärlauchpesto
(Seite 190)
Kichererbsendip
(Seite 191)

ܬܘܡܐ ܝܪܘܩܐ ܕܝܩܐ

Tumo yaroqo diqo
Bärlauchpesto

Zur Frühlingszeit ein Muss.

Für 4 Portionen

Zubereitungszeit:
ca. 15 Min.

Zutaten:

200 g Bärlauch
100 g Walnüsse (alternativ: Mandeln, Pinienkerne)
150 ml Olivenöl
1 TL Salz

1. Bärlauch gründlich waschen, trocknen und fein hacken (alternativ in der Küchenmaschine zerkleinern). Nüsse fein hacken.
2. Alle Zutaten in eine Schüssel geben und vermengen.
3. Bärlauchpesto in ein Einmachglas geben und gut verschließen. Im Kühlschrank hält es sich ca. 4 Wochen.

Tipp: Bärlauchpesto schmeckt sehr gut zu Nudel- und Kartoffelgerichten oder einfach als Dip zu einem frisch gebackenen Brot (zum Beispiel Seite 187).

Hemmes

Kichererbsendip

Eine orientalische Spezialität.

Für 4 Portionen

Zubereitungszeit:
ca. 15 Min.

Zutaten:

1 Dose Kichererbsen (Abtropfgewicht 480 g)
4 Knoblauchzehen
100 g Sesampaste (Tahin)
Saft von 1 Zitrone
3 EL Olivenöl + etwas mehr zum Servieren
Salz
Pfeffer
Chili

1. Kichererbsen in ein Sieb geben und abtropfen lassen. Knoblauch abziehen und vierteln.
2. Alle Zutaten in eine Schüssel oder eine Küchenmaschine geben und so lange pürieren, bis eine cremige Masse entsteht.
3. Zum Servieren erneut Olivenöl über den Hummus träufeln.

ܫܡܒܘܪܟܐܬ ܡܠܝܦܐ ܥܡ ܓܘܬܐ

Šamborakat malife cam gweto

Gefüllte Käsehörnchen

Diese kleinen Käsehörnchen können sowohl warm als auch kalt serviert werden.

Für ca. 64 Stück

Zubereitungszeit:
ca. 120 Min.

Zutaten:

1 kg Mehl
1 Päckchen Backpulver
1 EL Salz
1 TL Zucker
3 Eier
250 g weiche Butter (alternativ: Margarine), Menge geteilt
1 Würfel Frischhefe
400 ml lauwarmes Wasser (alternativ: lauwarme Milch)
etwas Öl zum Einfetten
500 g Schafskäse (alternativ: selbst gemachter Käse (Seite 194)
1 Ei (zum Bestreichen)

1. Für den Teig in einer großen Schüssel Mehl, Backpulver, Salz und Zucker vermengen und in der Mitte eine Mulde formen. Eier, 150 g Butter, Hefe und Wasser in die Mulde geben und die Zutaten zu einem geschmeidigen Teig kneten.
2. 50 g Butter dazugeben und Teig erneut kneten. Den Teig 30 Minuten ruhen lassen.
3. Teig zu 8 gleichgroßen Bällen formen. Eine Arbeitsfläche mit etwas Öl einfetten und die Teigbälle jeweils sehr dünn ausrollen (3–4 mm). Mit der restlichen Butter bestreichen.
4. Für die Füllung den Käse raspeln. Den ausgerollten Teig jeweils achteln und die Dreiecke je mit 1 EL Füllung am Rand belegen. Die rechte und linke Seite nach innen klappen und den Teig in Richtung Spitze einrollen, sodass ein Hörnchen entsteht.
5. Den Backofen auf 250 °C Ober-/Unterhitze (230 °C Umluft) vorheizen.
6. In einer kleinen Schüssel 1 Ei aufschlagen und die Šamborakat damit bestreichen. Im Ofen 15–20 Minuten goldbraun backen.

Tipps: Dazu passt schwarzer Tee.
Die Šamborakat können auch eingefroren werden. Je nach Belieben im Backofen bei 170 °C Ober-/Unterhitze (150 °C Umluft) in ca. 5 Minuten auftauen. So werden sie wieder frisch und knusprig.

ܛܪܫܝ

Tirši

Eingelegtes Gemüse

Tirši kann je nach Saison mit jedem beliebigen Gemüse wie beispielsweise Tomaten, Stangensellerie oder Minigurken zubereitet werden.

Für 4–6 Portionen

Zubereitungszeit:
ca. 40 Min. + 6 Wochen Ruhezeit

Zutaten:

1 Kopf Weißkohl (alternativ: Spitzkohl)
1 kg kleine grüne Spitzpaprikaschoten
2 Karotten
5 Knoblauchzehen
1 Bund Petersilienstiele
4 EL grobes Salz
1 EL Zucker
150 ml Apfelessig (alternativ: Weißweinessig)

Hilfsmittel:

5-l-Behälter, verschließbar (z. B. ein großes Einmachglas)

1. Kohl waschen, putzen und in grobe Stücke schneiden. Paprikaschoten waschen, putzen und in etwa 1 cm breite Streifen schneiden. Karotten schälen und halbieren. Knoblauch abziehen.
2. Das Gemüse schichtweise in einen hohen Behälter stapeln. Petersilienstiele waschen und auf dem Gemüse verteilen.
3. Salz und Zucker darauf geben, Essig hinzufügen und zum Schluss den Behälter mit kaltem Wasser befüllen, bis das Gemüse komplett bedeckt ist.
4. Den Behälter gut verschließen und schütteln, sodass sich die Salzflüssigkeit gleichmäßig verteilt.
5. Das eingelegte Gemüse mindestens 6–8 Wochen verschlossen lassen.

ܓܒܬܐ ܥܡ ܒܥܐ

Gweto cam bece

Selbst gemachter Käse mit Ei

Schnell, einfach und sofort verzehrfertig.

Für 1 Laib

Zubereitungszeit:
ca. 15 Min.

Zutaten:

1 l Frischmilch (3,5 % Fett)
1 Becher saure Sahne (à 200 g)
2 EL Joghurt (3,5 % Fett)
2 Eier
1 EL Salz

Hilfsmittel:

1 Wäschenetz oder Obstnetz

1. Milch in einem Topf unter Rühren zum Kochen bringen.
2. In einer Schüssel saure Sahne, Joghurt, Eier und Salz gut vermengen und zur kochenden Milch geben. Temperatur auf mittlere Stufe stellen.
3. Die Masse für etwa 10 Minuten köcheln lassen, bis die Flüssigkeit gelblich ist und Käsebrocken zu sehen sind.
4. Ein Wäschenetz über ein Sieb stülpen, die Masse hineingießen, das Netz zudrehen und die Masse ruhen lassen, bis die Flüssigkeit versickert.
5. Den Käselaib aus dem Netz nehmen und erkalten lassen.

Tipp: Der Käse schmeckt auch warm sehr gut.

ܓ̰ܓ̰ܩ ܥܡ ܬܘܡܐ

Jajeq cam tumo

Joghurtdip

Der Joghurtdip passt hervorragend zu allen deftigen Gerichten oder einfach nur als Dip mit Brot.

Für 4 Portionen

Zubereitungszeit: 10 Min.

Zutaten:

200 ml Crème fraîche
400 ml Joghurt (3,5 %)
3 Knoblauchzehen
½ TL Salz

1. Alle Zutaten in eine Schüssel geben und verrühren, bis eine cremige Masse entsteht.
2. Nach Belieben mit Fladenbrot oder Sesamring genießen und bei Bedarf mit Petersilie verfeinern.

ܫܬܝܐ

ŠTOYO
GETRÄNKE

Alle traditionellen aramäischen Getränke haben eine spezielle Wirkung. Dawġe (Seite 203) dienen zur Erfrischung und werden besonders gern zu deftigen Mahlzeiten getrunken. Kaffee (Seite 202) und Tee (Seite 200) werden nach dem Essen serviert und dienen der Verdauung und Entspannung.

ܟ̰ܵܝܹܐ

Čaye

Schwarzer Tee

Ob zum Frühstück, Mittagessen oder Abendessen – Čaye schmeckt immer.

Für 4–6 Gläser

Zubereitungszeit: ca. 5 Min.

Zutaten:

3 gehäufte EL schwarzer Tee

1. Tee in eine kleine Teekanne geben. Zwei- bis dreimal mit kaltem Wasser ausspülen, damit die Teeblätter gereinigt werden. (Die Verwendung von kaltem Wasser ist wichtig, damit sich der Tee nicht auflöst.)
2. 400 ml kochendes Wasser über den Tee gießen und ihn 3–5 Minuten ziehen lassen.
3. In eine große Kanne 1 l kochendes Wasser geben. Je nach Stärke des Tees kann er so beim Servieren nach Belieben verdünnt werden.

Tipp: Als Richtwert wird 1 Teil Teewasser mit 2 Teilen Wasser gemischt.

Joghurtgetränk
(Seite 203)
Schwarzer Tee
(Seite 200)
Kaffee
(Seite 202)

قَهوَا

Qaḥwe

Kaffee

Wer es kräftig und aromatisch mag, wird diesen Kaffee lieben.

Für 4 Tassen

Zubereitungszeit:
ca. 5 Min.

Zutaten:

500 ml kaltes Wasser
4 TL türkischen/arabischen Kaffee, gemahlen
4 Zuckerwürfel

1. Alle Zutaten in einen kleinen Topf geben und aufkochen.
2. Schaum, der an der Oberfläche entsteht, abschöpfen und in eine extra Tasse geben.
3. Sobald der Kaffee hochkocht, von der Kochstelle nehmen und den Kaffee auf die Tassen verteilen. Den übrigen Schaum auf den Kaffee geben und servieren.

ܕܘܓ̰ܐ

Dawġe

Joghurtgetränk

Erfrischend und nahrhaft.

Für 4 Portionen

Zubereitungszeit:
ca. 5 Min.

Zutaten:

400 ml Joghurt (3,5 % Fett)
Salz

1. Joghurt in ein hohes schmales Gefäß (z. B. einen Messbecher) geben und mit einem Schneebesen geschmeidig verrühren.
2. 600 ml Wasser hinzugeben, erneut mit dem Schneebesen verrühren und mit Salz abschmecken.

Tipp: Dawġe eignet sich als Getränk nahezu zu allen herzhaften Speisen. Vor allem in Kombination mit Teiggerichten wie Kutle (Seite 106), Šamborakat (Seite 86) oder Laḥmajune (Seite 102) sowie mit Bulgur- und Reisgerichten entfaltet Dawġe ein besonderes Geschmackserlebnis.

DAS AUTORENTEAM

Lama Dursun
wurde im Südosten der Türkei geboren und lebt seit ihrem 14. Lebensjahr in Deutschland. Die sechsfache Mutter lebt heute in Paderborn. Sie übernahm bereits im Kindesalter das alte Wissen der aramäischen Küche von Mutter, Oma und Tanten. Hier in Deutschland erweiterte sie ihre Leidenschaft fürs Kochen. Dabei probiert sie immer wieder neue Gewürze und Zubereitungskombinationen aus. Auf interkulturellen Veranstaltungen präsentiert sie regelmäßig die aramäische Küche mit der Frauengruppe der Syrisch-Orthodoxen Kirchengemeinde St. Aho aus Paderborn.

Maria Aslan
wurde in Deutschland geboren, ist Lehrerin und dreifache Mutter. Als Tochter von Lama Dursun durfte sie die Kochleidenschaft ihrer Mutter hautnah erleben. Es ist ihr ein Anliegen, die aramäische Küche auch bei ihren Schülerinnen und Schülern bekannt zu machen.

Saliba Gabriel
wurde im Südosten der Türkei geboren und wuchs in Deutschland auf. Der Diplom-Kaufmann ist verheiratet und hat drei Kinder. Sein Interesse gilt der aramäischen Kultur und Geschichte.

ZUTATENREGISTER

Bibliografische Information der Deutschen Nationalbibliothek
Die Deutsche Nationalbibliothek verzeichnet diese Publikation in der Deutschen Nationalbibliografie. Detaillierte bibliografische Daten sind im Internet über http://dnb.d-nb.de abrufbar.

Für Fragen und Anregungen
info@rivaverlag.de

Wichtiger Hinweis
Ausschließlich zum Zweck der besseren Lesbarkeit wurde auf eine genderspezifische Schreibweise sowie eine Mehrfachbezeichnung verzichtet. Alle personenbezogenen Bezeichnungen sind somit geschlechtsneutral zu verstehen.

Originalausgabe
1. Auflage 2023

Türkenstraße 89
80799 München
Tel.: 089 651285-0
Fax: 089 652096

Projektleitung: Viktoria Celik
Redaktion: Silke Panten
Umschlaggestaltung und Layout: Sonja Vallant
Umschlagabbildung und Layout-Elemente: Shutterstock.com / Anna Pogulyaeva, sore88, Xelbr
Rezeptfotografie: Stephanie Just
Fotos: S. 2, 3, 5, 9, 10: Rene Marty; S. 12, 13, 14, 15, 16: Saliba Gabriel
Landkarte Mesopotamien S. 11: basierend auf © Sémhur / Wikimedia Commons / CC-BY-SA-3.0, or Free Art License, https://commons.wikimedia.org/wiki/File:Middle_East_topographic_map-blank.svg
Kalligraphie: Süleyman Celik
Orthographie Aramäisch–Deutsch von NISIBIN Aramäische Studien (www.nisibin.de)
Satz: Satzwerk Huber, Germering
Druck: Firmengruppe APPL, aprinta Druck, Wemding
Printed in Germany

ISBN Print 978-3-7423-2209-8
ISBN E-Book (PDF) 978-3-7453-1978-1
ISBN E-Book (EPUB, Mobi) 978-3-7453-1979-8

Wir produzieren nachhaltig
www.m-vg.de

Weitere Informationen zum Verlag finden Sie unter
www.rivaverlag.de
Beachten Sie auch unsere weiteren Verlage unter www.m-vg.de